TRIUNFO

ELEGIDO

Arte de liderazgo, influencia y empoderamiento

Durollari

Publicado y Copyright @ 2019 por Durollari
ISBN: 9781702648882
Pie de imprenta: publicado independientemente

Dediqué este libro a mi abuela Demire, mi madre Nedime, junto con mi padre, el Dr. Guri, y mi encantadora princesa eterna Dbborra.

Tabla de contenidos

OBSERVACIONES DEL PRESIDENTE DONALD J. TRUMP - DIRECCIÓN INAUGURAL VIERNES, 20 DE ENERO DE 2017 WASHINGTON, D.C.

OBSERVACIONES DEL PRESIDENTE DONALD J.
TRUMP - COMO PREPARADO PARA LA ENTREGA

DISCURSO INAUGURAL

VIERNES 20 DE ENERO DE 2017

WASHINGTON DC.

Según lo preparado para la entrega

Presidente del Tribunal Supremo Roberts, presidente
Carter, presidente Clinton, presidente Bush, presidente
Obama, conciudadanos y personas del mundo: gracias a
nosotros, los ciudadanos de Estados Unidos, ahora nos
unimos en un gran esfuerzo nacional para reconstruir
nuestro país y restaurar su promesa para toda nuestra gente
Juntos, determinaremos el curso de América y el mundo en
los años venideros. Enfrentaremos desafíos. Enfrentaremos
dificultades. Pero haremos el trabajo.

Cada cuatro años, nos reunimos en estos pasos para llevar a
cabo la transferencia ordenada y pacífica del poder, y
estamos agradecidos con el Presidente Obama y la Primera
Dama Michelle Obama por su amable ayuda durante esta
transición. Han sido magníficos.

La ceremonia de hoy, sin embargo, tiene un significado
muy especial. Porque hoy no estamos simplemente
transfiriendo poder de una Administración a otra, o de una
parte a otra, sino que estamos transfiriendo poder de
Washington, D.C. y devolviéndolo a usted., El pueblo
estadounidense.

Durante demasiado tiempo, un pequeño grupo en la Capital de nuestra nación ha cosechado las recompensas del gobierno mientras la gente ha asumido el costo. Washington floreció, pero la gente no compartió su riqueza. Los políticos prosperaron, pero los trabajos se fueron y las fábricas cerraron.

El establecimiento se protegió a sí mismo, pero no a los ciudadanos de nuestro país. Sus victorias no han sido victorias; sus triunfos no han sido triunfos; y mientras celebraban en la Capital de nuestra nación, había poco que celebrar para las familias con dificultades en toda nuestra tierra.

Todo eso cambia, comenzando aquí y ahora, porque este momento es tu momento: te pertenece.

Pertenece a todos los reunidos aquí hoy y a todos los que miran en todo Estados Unidos. Este es tu dia. Esta es tu celebración. Y este, los Estados Unidos de América, es su país. Lo que realmente importa no es qué partido controla nuestro gobierno, sino si nuestro gobierno está controlado por la gente.

El 20 de enero de 2017 será recordado como el día en que las personas se convirtieron en los gobernantes de esta nación nuevamente. Los hombres y mujeres olvidados de nuestro país ya no serán olvidados. Todos te están escuchando. Ahora llegaste por decenas de millones para formar parte de un movimiento histórico como nunca antes había visto el mundo. En el centro de este movimiento hay una convicción crucial: que una nación existe para servir a sus ciudadanos.

Los estadounidenses quieren grandes instituciones para su gente, vecindarios seguros para sus familias y buenos trabajos para ellos mismos. Estas son las demandas justas y razonables de un público justo. Pero para muchos de nuestros ciudadanos, existe una realidad diferente: madres y personas atrapadas en la pobreza en nuestras ciudades; fábricas oxidadas esparcidas como lápidas en el paisaje de nuestra nación; un sistema, lleno de dinero en efectivo, pero que deja a nuestras .ng y hermosas personas privadas de conocimiento; y el crimen y las pandillas y las drogas que han robado demasiadas vidas y le han robado a nuestro país un potencial sin realizar.

Esta carnicería estadounidense se detiene aquí y se detiene ahora mismo. Somos una nación, y su dolor es nuestro dolor. Sus sueños son nuestros sueños; y su éxito será nuestro éxito. Compartimos un corazón, un hogar y un destino glorioso.

El juramento del cargo que tomo hoy es un juramento de lealtad a todos los estadounidenses. Durante muchas décadas, hemos enriquecido la industria extranjera a expensas de la industria estadounidense; Subsidió a los ejércitos de otros países al tiempo que permitió el agotamiento muy triste de nuestros militares; Hemos defendido las fronteras de otras naciones mientras nos negamos a defender las nuestras; Y gastó billones de dólares en el extranjero, mientras que la infraestructura de Estados Unidos se ha deteriorado y deteriorado.

Hemos enriquecido a otros países, mientras que la riqueza, la fortaleza y la confianza de nuestro país han desaparecido en el horizonte. Uno por uno, el factori se cerró y dejó nuestras costas, sin pensar siquiera en los millones y millones de trabajadores estadounidenses que quedaron atrás. La riqueza de nuestra clase media ha sido arrancada de sus hogares y luego redistribuida en todo el mundo. Pero ese es el pasado. Y ahora solo estamos mirando hacia el futuro.

Nos reunimos aquí hoy y estamos emitiendo un nuevo decreto para ser escuchado en cada ciudad, en cada capital extranjera y en cada sala de poder. A partir de este día, una nueva visión gobernará nuestra tierra. A partir de este momento, será América Primero. Cada decisión sobre comercio, impuestos, inmigración, asuntos exteriores se tomará en beneficio de los trabajadores estadounidenses y las familias estadounidenses.

Debemos proteger nuestras fronteras de los estragos de otros países que fabrican nuestros productos, roban nuestras empresas y destruyen nuestros trabajos. La protección conducirá a una gran prosperidad y fortaleza. Lucharé por ti. con cada respiración en mi cuerpo, y nunca, nunca te decepcionaré.

Estados Unidos comenzará a ganar nuevamente, ganando como nunca antes. Traeremos de vuelta nuestros trabajos. Traeremos de vuelta nuestras fronteras. Traeremos de vuelta nuestra riqueza. Y traeremos de vuelta nuestros sueños. Construiremos nuevas carreteras, autopistas, puentes, aeropuertos, túneles y ferrocarriles en toda nuestra maravillosa nación.

Sacaremos a nuestra gente del bienestar y volveremos al trabajo, reconstruyendo nuestro país con manos y mano de obra estadounidenses. Seguiremos dos reglas simples: Buy American y Hire American. Buscaremos amistad y buena voluntad con las naciones del mundo, pero lo hacemos con el entendimiento de que es el derecho de todas las naciones poner sus propios intereses en primer lugar.

No buscamos imponer nuestra forma de vida a nadie, sino dejar que brille como un ejemplo para que todos lo sigan. Reforzaremos viejas alianzas y formaremos nuevas, y uniremos al mundo civilizado contra el terrorismo radical islámico, que erradicaremos por completo de la faz de la Tierra. En la base de nuestra política habrá una lealtad total a los Estados Unidos de América, y a través de nuestra lealtad a nuestro país, redescubriremos nuestra lealtad el uno al otro. Cuando tú. abre tu corazón al patriotismo, no hay lugar para el prejuicio.

Las Escrituras nos dicen, "qué bueno y agradable es cuando el pueblo de Dios vive unido en unidad". Debemos hablar abiertamente, debatir nuestros desacuerdos con honestidad, pero siempre buscar la solidaridad. Cuando Estados Unidos está unido, Estados Unidos es totalmente imparable. No debe haber miedo: estamos protegidos y siempre estaremos protegidos. Estaremos protegidos por los grandes hombres y mujeres de nuestras fuerzas militares y policiales y, lo más importante, estamos protegidos por Dios.

Finalmente, debemos pensar en grande y soñar aún más. En Estados Unidos, entendemos que una nación solo vive mientras se esfuerza. Ya no aceptaremos políticos que hablan y no actúan, quejándose constantemente pero nunca haciendo nada al respecto. Se acabó el tiempo de hablar en blanco. Ahora llega la hora de la acción. No dejes que nadie te lo diga. No se puede hacer. Ningún desafío puede igualar el corazón, la lucha y el espíritu de Estados Unidos.

No fallaremos Nuestro país prosperará y prosperará nuevamente. Estamos en el nacimiento de un nuevo milenio, listos para desbloquear los misterios del espacio, para liberar a la Tierra de las miserias de las enfermedades y para aprovechar las energías, las industrias y las tecnologías del mañana. Un nuevo orgullo nacional removerá nuestras almas, levantará la vista y sanará nuestras divisiones.

Es hora de recordar esa vieja sabiduría que nuestros soldados nunca olvidarán: que si somos negros, marrones o blancos, todos sangramos la misma sangre roja de los patriotas, todos disfrutamos de las mismas gloriosas libertades, y todos saludamos al mismo gran estadounidense. Bandera.

Y si un niño nace en la expansión urbana de Detroit o en las llanuras azotadas por el viento de Nebraska, miran hacia el mismo cielo nocturno, llenan su corazón con los mismos sueños y el mismo todopoderoso les infunde el aliento de vida. Creador. Entonces, a todos los estadounidenses, en todas las ciudades cercanas y lejanas, pequeñas y grandes, de montaña en montaña y de océano a océano, escuchen estas palabras:

Tú. nunca será ignorado de nuevo. tu voz, tus esperanzas y tus sueños definirán nuestro destino estadounidense. Y su coraje, bondad y amor nos guiarán por siempre en el camino. Juntos, haremos que Estados Unidos sea fuerte nuevamente. Haremos que Estados Unidos sea rico nuevamente. Haremos que Estados Unidos se sienta orgulloso de nuevo. Haremos que Estados Unidos sea seguro nuevamente. Y, sí, juntos, haremos que Estados Unidos vuelva a ser grandioso. Gracias. Dios te bendiga. Y Dios bendiga a América.

Notas:

Relevancia política y social de las Escrituras.

"Trump Elegido" es un examen más profundo de la relevancia de la ideología bíblica y la intervención en el tejido de la política y la sociedad estadounidense y el impacto de una ideología globalista y un plan maestro hacia el dominio mundial en todos los aspectos de la humanidad para incluir, social, política, religioso y supresión de la libertad de expresión y expresión.

El enfoque de CHOSEN ONE es descubrir cómo implementar la Biblia Antigua La filosofía del nuevo pensamiento contemporáneo actual y la ideología de la fe en su relación con los líderes políticos y empresariales de todo el mundo.

Introducir el debate bíblico en entornos profesionales tiene el potencial de proporcionar un análisis inteligente de las Escrituras al tiempo que ofrece un diálogo interdisciplinario entre eruditos bíblicos, filósofos y expertos científicos y líderes políticos.

La civilización humana ha llegado a una crisis global con máquinas que reemplazan a la fuerza laboral humana, automatizando bienes y servicios que superan en mil veces la capacidad de trabajo humano. La tecnología es responsable de la producción de una abundancia nunca antes vista en la historia humana, lo que resulta en una oportunidad de empleo por turnos en todo el mercado global. El desplazamiento de todas las tendencias de empleo ha sido indirectamente responsable de los levantamientos actuales en el Medio Oriente, con las guerras interminables que causan la desigualdad de vida y la pobreza desenfrenada y las malas condiciones generales creadas por la agenda globalista, belicista y regional regional corrupta. gobiernos

Para abordar las desigualdades globales, los principios bíblicos con integridad, moral y una ideología justa pueden llenar el vacío al ofrecer un enfoque contemporáneo en el uso de las Escrituras como una disciplina emergente de teología pública y relevancia para abordar la crisis global actual. Esta crisis global requiere que los líderes políticos tomen la iniciativa para integrar la teología bíblica en muchos aspectos del gobierno y la sociedad. Por ejemplo, en la escena política estadounidense de hoy, estamos presenciando la perversión del lenguaje y un sistema de justicia corrupto e injusto de la política de la estructura política, el uso de mentiras, engaños e investigaciones corruptas basadas en falsos testimonios y engaños.

La intromisión rusa y la investigación de Ucrania sobre el presidente Trump y sus asociados es una operación táctica coordinada entre múltiples agencias de inteligencia del gobierno, corporaciones globales, políticos y muchos medios de comunicación diseñados para deshacer las elecciones de 2016 y destituir al presidente Trump de su cargo. Estos actos traicioneros de funcionarios no electos y medios corruptos refuerzan aún más la existencia de un gobierno en la sombra que consiste en empleados de carrera y sus asociados, destacando un sistema de justicia dual para el público en general y otro para la élite social y política. Este sistema de doble justicia es muy evidente, como se destaca con el derribo del socio de Trump, con redadas del FBI reservadas para criminales de alto perfil y capos de la droga, el derribo incluyó invasión terrestre, regional y táctica del arresto de Roger Stone y otros.

Estamos viviendo en un mundo al revés de una realidad retorcida que está llena de mentiras y engaños minuciosamente caracterizados como un mundo desbocado manipulado por una red en la sombra de una sociedad secreta globalista. El mundo de hoy no refleja la visión de la humanidad de cómo debería ser el mundo, en lugar de estar más bajo la influencia y el control de la gente, está siendo dirigido por una clase política hambrienta de poder, en colusión con agencias gubernamentales, sistemas bancarios y globales. gigantes corporativos.

Se suponía que los líderes políticos junto con los avances en los avances tecnológicos y los avances científicos tenían una influencia predecible y positiva en nuestras vidas; en cambio, ha producido un efecto opuesto de una red de conglomerado de infracciones de recopilación de datos y privacidad que controlan las actividades diarias de las humanidades que influyen directamente en un futuro de imprevisibilidad y una clase dominante fuera de control y fuera de control. Las continuas guerras y la destrucción en el mundo de hoy son la causa del colapso de muchos países y naciones, con millones de vidas perdidas con un camino de destrucción y una espiral descendente de sacrificios humanos y eventos catastróficos importantes que se avecinan en cualquier momento.

El siglo pasado ha servido bien a la humanidad con mejoras generales en muchos sectores, que incluyen la exploración espacial, la medicina y los avances tecnológicos. Además, la igualdad humana y el nivel de vida han mejorado dramáticamente con los avances en el sector energético. La arena política continúa luchando y avanzando de una manera civil más racional, con un discurso e ideología continuos entre los partidos demócrata y republicano.

Las diferencias ideológicas entre ambas partes, junto con la hoja de ruta visionaria hacia el futuro están en espectros opuestos, sin compromiso a la vista. Una estrategia de tierra arrasada por el movimiento social de extrema izquierda se basa en el enfoque estalinista hacia el dominio político, como ataques recientes y falsas acusaciones y testimonios contra la administración Trump con un aluvión constante de posturas ofensivas y amenazas de juicio político sin justificación legal o evidencia real. de fechorías Stalin dijo una vez: "muéstrame al hombre, y luego lo mostraré. El crimen ", este enfoque comunista está siendo utilizado actualmente por el partido demócrata de los Estados Unidos de América para enmarcar al presidente Trump, trabajando y coludiendo con topos de inteligencia plantados en la Casa Blanca y otras agencias gubernamentales.

Primero, hubo una ilusión de colusión rusa, y ahora es la suciedad y la recopilación de información ucraniana sobre tonterías secretas de opositores políticos, investigaciones a puerta cerrada realizadas en instalaciones gubernamentales altamente seguras sin oportunidades ni escrutinio para la supervisión. Ahora, la pregunta sigue siendo para el público estadounidense: ¿la gente se sentará y permitirá que la destrucción de las instituciones gubernamentales con una clase política izquierdista ideológicamente en bancarrota y legalmente corrupta continúe su círculo vicioso empeñado en la destrucción no solo de la Presidencia sino también de la voluntad de los estadounidenses? público. Mientras el presidente está bajo una investigación falsa tras otra por parte de la izquierda de los miembros del partido democrático junto con sus coconspiradores, los falsos ataques de los medios de comunicación, los empleados gubernamentales no elegidos y los políticos y las élites sociales con enfermedades mentales, no solo están atacando al presidente, sino que también También están atacando al pueblo estadounidense.

Un renacimiento y un despertar del espíritu humano de América a la verdad deben suceder para mantener nuestro papel de liderazgo en el mundo. Los ciudadanos del mundo ven a Estados Unidos como un faro de libertad e igualdad y un ejemplo de una democracia estructurada y activa con una Constitución basada en la fe y la creencia de un Dios espiritual y no en los reyes o reinas terrenales que tienen dominio sobre la tierra y sus territorios. personas.

Con el reciente anuncio del presidente Trump, la retirada de las fuerzas de Oriente Medio fue analizada y objetada de inmediato por destacados líderes de partidos y expertos políticos tanto demócratas como republicanos. La oposición a las guerras interminables demuestra la prostitución política de muchos líderes políticos que trabajan en nombre del complejo militar-industrial.

Los políticos no están trabajando en nombre de sus electores o en interés de la gente y están más interesados en sus agendas y beneficios financieros utilizando esquemas políticos y organizaciones de caridad falsas o utilizando a miembros de la familia como accesorios para pagos de favores, acceso político y comercial.

El impacto del terreno político actual y la transformación global de la tecnología durante el siglo pasado refuerza aún más la necesidad del renacimiento y el renacimiento junto con la popularidad y las prácticas de los principios bíblicos en la corriente principal de la sociedad. Es necesario centrarse en la disciplina de los estudios bíblicos para cultivar intelectuales presentes y futuros para que intervengan en el discurso político al tiempo que abogan por las Escrituras como fuente de decisiones sobre cuestiones locales y globales.

La civilización humana ha llegado a un punto de quiebre, con estrategias ineficaces utilizadas por líderes políticos de gran prestigio que intentan gestionar los conflictos y recursos del mundo. Las naciones están en una posición de guerra constante con los levantamientos recientes en el Medio Oriente y otras regiones del mundo, luchando por el poder y la escasez de recursos percibida. En efecto, las crisis actuales en el Medio Oriente se deben a la desigualdad en los niveles de vida con pobreza desenfrenada y las malas condiciones generales creadas por sus gobiernos corruptos.

La mayoría de las personas son producto de su entorno, y si las personas están rodeadas de sociedades corruptas y enfermas, a su vez, pueden convertirse en un reflejo de esa sociedad. Por el contrario, si las personas vivieran en un ambiente saludable basado en las enseñanzas de las Escrituras, probablemente serían ciudadanos globales pacíficos y más productivos.

En el segundo discurso inaugural del presidente Lincoln, alaba al Señor: "Hemos sido los destinatarios de las generosas recompensas del Cielo; hemos sido preservados estos muchos años en paz y prosperidad; Hemos crecido en número, riqueza y poder como ninguna otra nación ha crecido, nos hemos olvidado de Dios. Hemos olvidado la mano amable que nos ha preservado en paz y nos ha multiplicado, enriquecido y fortalecido, y hemos imaginado en vano, en el engaño de nuestros corazones, que todas estas bendiciones son de sabiduría y virtud superiores. Intoxicados con un éxito ininterrumpido, nos hemos vuelto demasiado autosuficientes para sentir la necesidad de redimir y preservar la gracia, demasiado orgullosos para orar al Dios que nos hizo. Nos corresponde, entonces, humillarnos ante el Poder ofendido, confesar nuestros pecados nacionales y orar por clemencia y perdón ".

Los líderes mundiales tienen una enorme responsabilidad sobre sus hombros; primero, deben aprender a colocar su orgullo, y el interés individual se hace a un lado, al mismo tiempo que se enfrentan a la realidad de su incapacidad para controlar los eventos mundiales. Los líderes solo tienen que investigar las Escrituras en busca de respuestas; todo lo que deben hacer es confiar en su fe y volverse hacia las Escrituras en busca de la sabiduría y la verdad. Las escrituras proporcionan a la civilización humana un legado histórico, no solo de eventos pasados, sino como una fuente de vida real que se puede usar hoy y en el futuro.

La inspiración religiosa puede servir bien a los líderes mundiales para crear políticas y leyes basadas en las palabras de Dios, y no en alguna manifestación ideológica falsa creada por un hombre malvado, para empezar, los líderes mundiales continúan resistiéndose a resolver la actual crisis global multifacética mientras proponen soluciones alternativas que directamente no funcionan y solo benefician a unos pocos corporativos. líderes en su búsqueda de monopolizar los recursos naturales del mundo. Dios ha creado nuestro dominio terrenal de tal manera que el hombre nunca podrá dominar su historia a menos que el hombre se someta a Él completamente y viva en armonía con la naturaleza y su entorno. Los líderes mundiales deben intentar identificar las causas fundamentales que han creado esta situación crítica de destrucción ecológica y humana desenfrenada sin fin a la vista. La humanidad continúa el camino de la autodestrucción; Es necesario que ocurran cambios drásticos para desviar una catástrofe global.

El crecimiento exponencial de los avances tecnológicos y el conocimiento ha desplazado la base de poder a unas pocas naciones desarrolladas. La sociedad moderna continúa luchando con los disturbios políticos y la destrucción ecológica, mientras que el control del mundo sigue siendo difícil de alcanzar para los líderes mundiales. El mundo mejor prometido por los avances en tecnología y ciencia no ha llegado, más bien la incertidumbre y la desigualdad están en peligro presente amenazando a la humanidad todos los días. La ignorancia humana ha hecho que la destrucción de todos los seres vivos desaparezca en un instante. Además, el conocimiento ha abierto el camino hacia una población más paciente, con diversidad de creencias culturales y religiosas y una rápida difusión de la democracia. El mundo está pasando por una transformación que afecta cada parte de nuestras vidas y se inclina hacia el establecimiento de un orden global.

El nuevo orden mundial consiste en la mayoría de las personas influyentes del mundo, junto con su control político en muchos continentes. El nuevo orden mundial orquestado por las superpotencias mundiales tiene como objetivo unir a las naciones para garantizar la paz y la seguridad mundial para todos. La nueva agenda del orden mundial parece proporcionar a varias personas o grupos influyentes el control sobre los recursos y los líderes políticos de muchos países. El presidente Lincoln advierte a los líderes que no piensen en sí mismos como piadosos debido a su condición: "Es deber de las naciones y de los hombres ser dueños de su dependencia del poder dominante de Dios y confesar sus pecados y transgresiones con humilde pena, sin embargo, con la esperanza asegurada de que el arrepentimiento genuino conducirá a la misericordia y el perdón, y a reconocer la verdad sublime, anunciada en la Sagrada Escritura y probada por toda la historia, que esas naciones solo son bendecidas cuyo Dios es el Señor ". Las escrituras bíblicas continúan Advierta a los líderes de establecer la dominación y el control total del mundo con un nuevo orden mundial, reemplazando así a Dios con falsos semidioses como se describe en Apocalipsis.

Los círculos religiosos siempre han abogado por la integración de las Escrituras en todos los aspectos de la sociedad para incluir estudios que influyan en el comportamiento social y la estrategia global. El debate teológico / religioso requiere foros oficiales en entornos gubernamentales y profesionales. Estos foros permitirán el debate civil, al tiempo que provocarán aún más el pensamiento crítico y los procesos de toma de decisiones. El debate religioso es una forma de modelo intelectual para que los líderes emulen y formen parte de su entorno laboral diario. Los líderes deben recordar que sus decisiones afectan a las generaciones presentes y futuras y son parte de la realidad de una sociedad global de riesgos.

Por esta razón, los líderes religiosos deben presentar adecuadamente su caso de interpretación del antiguo texto de las Escrituras y hacer que sea relevante para las necesidades de la sociedad global de riesgos de hoy. La integración de las Escrituras en el tejido social de una sociedad global puede contribuir inmensamente al avance pacífico de la civilización humana. En Deuteronomio 16: 1 -25: 19 Moisés proporciona una dirección futura, al proporcionar pautas claras para el futuro de su nación. Considerando la lucha histórica entre la Reforma Protestante y la Iglesia Católica, las pautas claras y la visión para los seguidores religiosos continúan entrelazadas en una red de engaño y confusión.

Un obstáculo importante para avanzar la religiosidad en la corriente principal de la sociedad ha sido la falta de iniciativas para incorporar cualquier relevancia para la vida pública y el mercado comercial actual. Los líderes religiosos siempre deben buscar oportunidades para educar al público de manera que cualquier individuo pueda aprovechar el potencial máximo de las Escrituras para mejorar su calidad de vida personal y su entorno laboral. La integración de las Escrituras en la sociedad dominante requeriría un cambio de paradigma en la actitud y el cambio de comportamiento para aceptar los caminos del Señor en sus corazones y almas. Con la nueva sabiduría y conocimiento aprendidos de las Escrituras, la humanidad estaría mejor preparada para enfrentar la crisis ecológica y humana de una manera más ética siguiendo las Escrituras.

En una historia de dos ciudades, Charles Dickens escribió: "Fue el mejor de los tiempos; fue lo peor de tiempos ". Vivimos en tiempos emocionantes, con descubrimientos casi a diario y mejoras a nuestros niveles de vida nunca antes imaginados. Sin embargo, algo sigue estando fuera de lugar y no parece correcto; Esto puede deberse a que la humanidad se distanció de su Creador, El Señor.

Los líderes religiosos ya no pueden permanecer dentro de sus zonas de confort de su parroquia, mientras solo se rodean de personas de ideas afines. Introducir estudios bíblicos en las arenas políticas y especialmente en los entornos universitarios es una progresión natural hacia la construcción social y nacional. Los estudios bíblicos, recientemente, han despertado cierto interés por parte de personas e intelectuales y particularmente de individuos y grupos no religiosos en muchas partes del mundo. Las Escrituras sirven como un gran recurso de sabiduría y conocimiento que solo puede beneficiar al individuo y a los gobiernos en el desarrollo de políticas de salud y en el abordaje de problemas sociales al intentar establecer cierta normalidad. Las escrituras proveen una cantidad significativa de información dedicada a los enfoques de enseñanza y aprendices que Jesús usó para instruir a sus seguidores. Los estudiosos continúan investigando los métodos de enseñanza que Jesús usó, con el uso de parábolas, alegorías, retórica, profecía y muchos otros métodos de enseñanza.

La religiosidad implica una comprensión fiel y más intuitiva del entorno natural, que se experimenta y desarrolla con una devoción dedicada a la fe. La integración de las Escrituras en el proceso de toma de decisiones políticas ha sido difícil de lograr durante los últimos siglos, especialmente con una nube negativa que rodea la oscura historia de la Edad Media en Europa y las inquisiciones eclesiásticas que asesinan a miles por herejía.

Muchos países han adoptado la separación de las políticas de la iglesia y el estado para no repetir los errores del pasado. Colocar el control completo de las Escrituras bajo la regla de unos pocos líderes o dictadores selectos deja el potencial de corrupción y manipulación, mientras que las personas pierden la relación directa con Dios. La Primera Enmienda a la Constitución establece que "el Congreso no promulgará ninguna ley que respete el establecimiento de una religión o prohíba el libre ejercicio de la misma". Lo ideal es que todos estudien y debatan las Escrituras por su propia voluntad y no dependan de otros para dictar el Palabra de dios. La pregunta sigue siendo, ¿cómo deben abordarse los estudios bíblicos y hacerse relevantes en la política y la vida cotidiana?

Las Escrituras estudian un enfoque inteligente y afectuoso al ser introducido en la sociedad dominante, los ámbitos políticos y todos los entornos. Los grupos religiosos o las personas de fe no necesitan ser dominantes en su enfoque, sino que deben adoptar un enfoque equilibrado para permitir debates y conversaciones inteligentes. Resistir a la naturaleza humana es enfrentar conceptos e ideas desconocidos, especialmente cuando se trata de comprender las Escrituras considerando la situación problemática planteada por las diferentes interpretaciones y fuentes. Las escrituras proporcionan mucho espacio para el debate, mientras que el debate inteligente puede ser un vehículo para comprender y permitir que la verdad salga a la superficie. Los poderes políticos del mundo no pueden ignorar el tema del uso concurrente de lo bíblico como una disciplina emergente de teología pública y relevancia para abordar las desigualdades y conflictos globales. La necesidad de diseñar la teología bíblica relevante para las instituciones locales y globales es inminente.

La tarea requiere la integración de la teología bíblica en muchas lanzas de la sociedad con un cruce interdisciplinario en muchos estudios diferentes. El siguiente paso lógico a considerar sería la relación entre Dios y los líderes, los funcionarios políticos y los líderes religiosos. El ingrediente más crítico para el éxito de las lecciones bíblicas que se cruzan entre los grupos es la flexibilidad para aprender y compartir experiencias y conocimientos. Se trata de aprender decisiones con el tema central de que Dios es parte de la relación que existe para alcanzar los objetivos finales de las partes involucradas.

En las últimas décadas, ha habido una creciente preocupación por el establecimiento de un diálogo interdisciplinario más sostenido entre los eruditos bíblicos y los filósofos de muchas disciplinas. En este artículo de investigación, dirigido a los líderes en un sentido global y a las masas públicas, que ofrece una descripción descriptiva e histórica del estudio bíblico puede cruzarse y establecer una presencia en el proceso de toma de decisiones sobre cuestiones locales y globales.

El objetivo de la integración de las Escrituras es encontrar formas de cerrar la brecha entre la filosofía religiosa relevante y el pensamiento y la metodología contemporáneos para abordar la crisis en la sociedad global de hoy. Como con cualquier movimiento, y especialmente estableciendo una presencia bíblica en la sociedad, se encontrará con la resistencia de filósofos, eruditos y figuras políticas para mantener la fortaleza de la separación entre la iglesia y el estado. Cualquiera que sea la mezcla, los líderes religiosos deben mantener el rumbo en la difusión del evangelios mientras demuestra un aprecio por la doctrina y filosofía religiosa fundamental.

Es evidente que los líderes mundiales no son capaces de encontrar soluciones duraderas a la crisis global que enfrenta la civilización humana, y las soluciones correctas parecen apuntar hacia las Palabras de Dios. ¿Será capaz el hombre de desviar la catástrofe bíblica épica o continuar el camino de un mundo impío y la autodestrucción?

Notas:

Liderazgo

Análisis de personajes

Trump the Chosen One enseña que los líderes deben tener altos estándares morales y éticos de carácter y principios; deben tener un alto carácter moral con una visión hacia el futuro. Los líderes afectan la vida de muchas personas, y deben ser pensadores de grandes dimensiones mientras lideran con una visión mundana. Deben buscar continuamente la verdad y el conocimiento para crear un ambiente de experiencia espiritual y gratificante para las personas que lideran. El papel de todos los líderes juega en la construcción del carácter, no solo para ellos sino también para las personas bajo su influencia. Es evidente que muchos cuestionan la integridad y la carta moral de muchos de los líderes de hoy, no solo en todos los espectros de la sociedad. Los líderes tienen el desafío de ser modelos positivos a la vez que demuestran un carácter fuerte con una alta moral e integridad en todo lo que hacen.

Construyendo todos los líderes del mañana

La estructura jerárquica y la política han creado imperios rígidos que son inflexibles en la implementación de cambios para satisfacer las demandas actuales de sus personas y las necesidades de la sociedad. Los poderes gubernamentales se preocupan principalmente por su alcance de interés, mientras que muchos cuestionan las prácticas éticas de estas instituciones y el carácter de los líderes. Si bien muchos líderes son sinceros y desean brindar a las personas lo mejor posible, existen excepciones y muchos están más preocupados por sus intereses. El problema puede no radicar en los esfuerzos de los líderes, sino en el sistema en su conjunto y la postura ética de estas instituciones para incluir el carácter y la autoridad de sus líderes. Por ejemplo, con respecto a la autoridad de un líder, el Rey Salomón emite una advertencia, "cuando los líderes intentan ejercer la autoridad sin el corazón de un sirviente, eventualmente se lastiman a sí mismos. Los líderes agregan valor al servir a los demás "Eclesiastés 8: 1-9., Los líderes deben ser individuos de visión y fe al mismo tiempo que ponen a las personas primero por encima de sus ambiciones e intereses. Trump se está demostrando, todos los días, por sus acciones en el amor al país, el deber y colocando las necesidades de las personas por encima de todo lo demás.

Líderes como Trump crean un ambiente positivo para su gente mientras implementan cambios que son sólidos con teoría y experimentación comprobadas, con prioridad en iniciativas de mejora continua, tales como iniciativas de reducción de regulaciones del presidente y una mejora mucho más sólida de procesos gubernamentales en muchos sectores y programas. Solomon dijo una vez, 'no controlamos el tiempo de la mayoría de los eventos; lo mejor que podemos hacer es reconocer el tiempo "Eclesiastés 3: 1-8.

Trump ha invertido el orden establecido, con iniciativas destinadas a mejorar la vida de las personas. Trump sabe que el mundo se mueve y cambia continuamente a un ritmo rápido; él está tomando iniciativas audaces necesarias para enfrentar los desafíos de hoy y del futuro. La integración de una toma de decisiones sensata y justa está creando un ambiente ganador en muchos sectores industriales y sociales. El uso de datos científicos y una toma de decisiones lógica y sólida está produciendo resultados excepcionales en la economía y otros sectores del gobierno y la sociedad.

Nuestra conciencia y nuestro sistema neuronal central conectados a la inteligencia artificial algún día pueden proporcionarnos mejores ideas para maximizar nuestra creatividad e individualidad. El sistema debe enfatizar la importancia de la ciencia, junto con el papel y el equilibrio de la fe. Todos nacemos con un potencial ilimitado desde el primer día de nacimiento; El desafío es romper las barreras y limitaciones que colocamos artificialmente. Dios nos ha dado una máquina increíble, nuestra conciencia que nos puede llevar a donde sea que vaya nuestra imaginación.

Muchas instituciones son más un reflejo de un sistema autoritario con actos de dictadura recompensados, mientras que la creatividad y el alto carácter moral son apartados. El sistema recompensa a la mayoría de las personas obedientes que siguen el flujo y no mecen el barco, ignorando por completo los rasgos esenciales de carácter e integridad. Las personas que no adoptan o siguen las reglas son despedidas o tienen menos responsabilidades.

Muchas preguntas continúan, por ejemplo, si el sistema de las instituciones está preocupado por el individuo o el interés de su existencia y su resultado final. Según Proverbios sobre hormigas y liderazgo, "Las hormigas no necesitan un comandante para decirles que comiencen. Las hormigas trabajan fielmente y no necesitan responsabilidad externa para que sigan haciendo lo correcto. Las hormigas trabajan duro y reemplazarán su hormiguero cuando se arruine "Proverbios 6: 6-8., Los líderes deben permitir que las personas sean capaces de usar su creatividad y libertad de expresión para que puedan crecer espiritual y profesionalmente. La libertad, nuestro derecho otorgado por Dios debe ser protegido a toda costa al mismo tiempo que limita el poder de los gobiernos, equilibrado entre total autoritario y anarquía.

Liderazgo motivacional

Cada persona tiene un estilo de personalidad diferente con variadas habilidades de aprendizaje y desarrollo. Estas diferencias individuales vienen en forma de inteligencia y creatividad; Cada uno de nosotros tiene una capacidad diferente para procesar información y cómo nos relacionamos entre nosotros. La motivación y la actitud determinan el éxito; Es un estado mental interno que nos guía hacia mayores logros y metas. Salomón dice: "observa a una persona en una variedad de contextos, y nada parece satisfacerlos" Eclesiastés 4: 1-8. Los líderes exitosos encuentran formas de motivar a las personas capturando su nivel de interés y construyendo su confianza, además de permitirles la libertad de expresarse.

La motivación intrínseca proviene de factores internos que están dentro y pueden ser controlados por el esfuerzo y la dedicación a la meta o tarea colocada por el individuo. Por otro lado, las motivaciones extrínsecas son factores externos que vienen en forma de recompensas y castigos que están fuera del control individual. Estas técnicas de motivación son solo parte de las herramientas requeridas para un liderazgo y gestión efectivos de cualquier situación o posición de mando. Las personas en una posición de autoridad deben tener una amplia experiencia en muchas áreas de principios de liderazgo, gestión y psicología y especialmente en la formación de mecanografía de la personalidad. Todos tenemos diferentes personalidades, y los líderes más efectivos se dan cuenta de esto y cambian su estilo de liderazgo para adaptarse a la situación. Por ejemplo, cuando los nuevos aprendices con poca experiencia, el enfoque más directo, mientras que las profesiones altamente capacitadas requieren un enfoque y un estilo participativos que encajarían mejor.

Según el Rey Salomón, mientras observaba a las personas, notó lo siguiente sobre lo que los motiva: "Necesitan consuelo y satisfacción, realización y triunfo, y consumo y codicia" Eclesiastés 4: 1-8. Hay mucho más en el liderazgo de lo que parece, lleva muchos años de experiencia y capacitación en liderazgo y el desarrollo del concepto de persona completa para ser práctico y comprender a las personas y lo que las hace funcionar.

Fue afortunado de haber tenido diferentes posiciones de liderazgo en el ejército para perfeccionar las habilidades técnicas y de gestión y liderazgo, y actualizar continuamente el enfoque para tratar con personas de diferentes culturas y orígenes. Claro, ha cometido muchos errores y se ha dado cuenta de lo que ha ayudado a la capacitación, junto con las teorías que aprendí a lo largo de los años. Para poder probar muchas teorías y descubrir qué funcionó, una de las herramientas de gestión más efectivas que un líder puede usar es el tipeo de la personalidad, no solo hace que las personas entiendan mejor, sino que también hace que uno aprenda sobre uno mismo, y eso es La clave hacia un líder más exitoso.

Conclusión

Los líderes exitosos, como Trump, se dan cuenta de que es
difícil controlar o cambiar a las personas que los rodean,
especialmente con todas las filtraciones. Claro, los líderes
pueden usar su poder y autoridad sobre ellos, pero este no
es un liderazgo real. El liderazgo es cuando uno se vuelve
atrás, y las personas harán lo correcto porque quieren no
porque deben hacerlo. Lo más importante a tener en cuenta
como líder es ajustar la personalidad para adaptarse a la
situación y al individuo. Los líderes deben ser individuos
altamente éticos con estándares más altos de integridad y
valores morales. Están en una posición de autoridad que
tiene efectos duraderos para las personas que lideran. Es
esencial que los líderes vean ejemplos positivos y no
abusen de su autoridad y siempre se mantengan humildes
con su enfoque al tratar con las personas que están debajo
de ellos.

¿Enseñar personaje? Los buenos líderes lo demuestran
liderando con el ejemplo. Los líderes exitosos predican con
el ejemplo y, por ejemplo, el general Patton dijo una vez:
"Uno está en el desfile todos los días", la gente bajo el
mando observará cada movimiento y acción tomada; Por lo
tanto, es esencial ser el mejor ejemplo posible. El carácter
es algo que se gana desde una edad temprana e influenciado
por la familia, los amigos, la sociedad y la personalidad. La
mayoría de nosotros nacemos con una mente sana, e
intrínsecamente sabemos de lo correcto y lo incorrecto,
mira que todo se reduce a tomar una decisión. El personaje
entra en juego, especialmente cuando se enfrenta a tomar
decisiones difíciles. Escogerá la ruta de menor resistencia o

tomará la decisión correcta basada en un carácter fuerte basado en rasgos de liderazgo de alta integridad, honestidad y coraje. ser pensadores sabios con una visión hacia el futuro, liderando con una visión mundana. Los líderes deben crear un ambiente espiritual y gratificante para su gente. Este trabajo de investigación investiga las características y rasgos de ser un líder exitoso. Los líderes exitosos demuestran un alto nivel de integridad, lealtad, desinterés y decisión.

Además, los grandes líderes tienen una capacidad dada por Dios para influir, motivar y educar a sus seguidores. Los líderes deben desafiarse a sí mismos para ser los mejores líderes que puedan ser, demostrando liderazgo en acción basado en la fe, la integridad y la obligación moral de mejorar a las personas bajo su mando. Es razonable suponer que los rasgos de carácter y personalidad están asociados con el liderazgo, mientras que otros no. La sociedad pone gran énfasis en las cualidades de carácter y liderazgo y luego los asocia con el éxito, pero también es interesante comprender los fracasos del liderazgo. Algunos líderes se olvidan de la meta y se concentran en sí mismos en lugar de en el todo. Los buenos líderes comprenden la importancia de las buenas comunicaciones; los seguidores necesitan saber el plan, y necesitan saberlo.

El plan de Dios proporciona a los líderes una hoja de ruta que incluye a las personas con una cosmovisión bíblica sobre cómo entrenar y educar a su gente siguiendo los principios de las Escrituras. El plan de Dios se define como: "El proceso centrado en las Escrituras, de toda la vida, de guiar a las personas hacia una nueva identidad con el desarrollo de acuerdo con sus habilidades específicas que le otorgan un poder superior, para que las personas se empoderen vivir una vida caracterizada por el amor, la confianza y la obediencia a Dios ". Un reino no solo reafirma las enseñanzas bíblicas, sino que también es una filosofía sobre cómo los religiosos deben conducir sus vidas y entrenarse según el reino de Dios.

El reino de Dios como "Su reinado como Rey de reyes en la vida diaria de una persona", reafirmando que Dios es el que hace las reglas y los religiosos los que implementan. El Reino es religioso centrado en Dios como la máxima autoridad con respecto a todos los aspectos de la enseñanza y la educación de las personas con una visión bíblica del mundo. Los religiosos tienen la responsabilidad de preparar, enseñar y dirigir adecuadamente a su pueblo para servir al Señor. Kingdom gira en torno a reforzar y construir constantemente valores religiosos en las personas de hoy y en las generaciones futuras, mientras permanece centrado en Dios y en la verdad suprema.

El reino solo puede sobrevivir y florecer si los valores y principios religiosos se enseñan continuamente y se refuerzan a las personas en la escuela, el hogar y la iglesia. Una visión del mundo es el núcleo de la profesión docente; Por ejemplo, en una sociedad comunista, el líder debía transmitir las teorías ateas y darwinistas a su pueblo. La cosmovisión religiosa abarca un conjunto de valores basados en un Dios infinito y enfatiza altos estándares de carácter moral. A los líderes se les confía la enseñanza e influencia de las personas, y por eso deben tener una visión religiosa del mundo. La responsabilidad no solo puede recaer en los líderes, sino que también es aún más crítico que los padres sean socios activos en la educación y en ser modelos positivos al demostrar valores religiosos firmes para ayudar a su gente a establecer una sólida base de carácter. El Imperio Romano cayó porque la moralidad en la familia decayó hasta el punto del colapso bajo el gobierno de una dictadura humanista. La filosofía religiosa, por otro lado, se preocupa principalmente por la ley de Dios y por garantizar que los valores bíblicos se transmitan a su pueblo.

La Palabra de Dios en práctica. Los líderes enfatizan fuertemente que para que el reino tenga una oportunidad en las familias religiosas, las escrituras deben ser estudiadas y puestas en práctica a lo largo de la vida de sus personas. Los padres deben tener en cuenta que es más fácil enseñar valores religiosos a las personas durante sus primeros años y continuar reforzándolos hasta la madurez. A medida que las personas aprenden las Escrituras, es esencial que no memoricen sino que aprendan y apliquen los principios en la vida diaria. La educación de las personas debe recaer principalmente en los padres; deben cumplir con sus responsabilidades de enseñar y transmitir el conocimiento que requiere un compromiso religioso totalmente dedicado.

El objetivo principal de enseñar las Escrituras a las personas es instalar una visión religiosa del mundo y un canal para difundir la verdad de Dios. Con el estilo de vida ocupado de hoy y el estrés financiero en la familia, ambos padres deben trabajar en la mayoría de los casos. Debido a esto, muchos padres encuentran que es fácil delegar la responsabilidad de criar y educar a las personas a otros. En

Deuteronomio 6: 7, dice: "Y les enseñarás diligentemente a tu pueblo, y hablarás de ellos cuando te sientes en tu casa, y cuando camines por el camino, y cuando te acuestes, y cuando te levantes arriba ". Los religiosos deben estar atentos a delegar sus responsabilidades de criar a su gente a otros, y deben hacer su parte observando y enseñando a su gente las 24 horas, los 7 días de la semana.

Kingdom apoya iniciativas que requieren un enfoque de trabajo en equipo que incluye líderes, padres, c Hurch, y la comunidad trabajando juntos para difundir la filosofía religiosa y la visión del mundo a su gente. La comunidad religiosa, en general, debe garantizar que las personas continúen y transmitan la verdad de Dios a las generaciones actuales y futuras. Con el declive de la sociedad occidental, tanto la iglesia como los padres están increíblemente preocupados por el declive de los valores religiosos no solo en la sociedad sino también en la comunidad religiosa. Los líderes religiosos deben tener una visión general de los asuntos mundiales, la política y sus alrededores para mantenerse en el curso del plan maestro de Dios. El siglo pasado demostró el declive de la posición religiosa en la sociedad, pasando de una perspectiva de valor religioso / científico a una actitud de la Nueva Era.

En el siglo pasado, han llevado a cabo mejoras tecnológicas en todos los sectores para incluir viajes espaciales, medicina y otros para incluir la filosofía religiosa. Como mejoras tecnológicas diarias, las creencias religiosas también han evolucionado de una base religiosa a una actitud de la Nueva Era que consiste en un modelo y actitud empresarial que requiere una evolución constante y un cambio para adaptarse a la situación o las necesidades de los tiempos. Con todos los avances tecnológicos, la evolución de la política, uno se preguntaría si la sociedad estaría más adelantada para frenar la violencia y las guerras en todo el mundo. Es la visión incomprensiva que la inactividad política y de las iglesias no han hecho mucho para detener o frenar los problemas de la sociedad, y la única salvación puede ser un retorno colectivo a las Escrituras para obtener respuestas. Nuestros sistemas políticos y monetarios actuales se están dividiendo por completo y con una guerra y agitación desenfrenados en la mayoría de las regiones del mundo.

Las naciones están en una posición de guerra constante, luchando por recursos para beneficiar a unos pocos seleccionados; Mientras tanto, los líderes mundiales y la iglesia esperan, observando en silencio cómo el mundo se vuelve aún más violento con catástrofes que se avecinan en cualquier momento. Una gran parte todavía vive en un mundo de pobreza y al mismo tiempo está esclavizada por sus gobiernos y corporaciones corruptos. La humanidad debe volver a las Escrituras para obtener respuestas, y la única gracia salvadora es la verdad basada en el Dios infinito.

El estilo occidental de liderazgo ha resultado difícil de implementar en la sociedad dominante en Europa y las Américas, como lo demuestra la actitud actual de las personas hacia la religión. Muchas personas hoy sienten que la religión debería ser una elección individual y no algo que la sociedad debería adoptar. La actitud occidental hacia la religión puede provenir de las enseñanzas de la antigua

Grecia y la filosofía romana, enfatizando más los ideales humanistas. Incluso hoy, muchas partes de las personas que viven en Europa y América disfrutan de una excelente comida, bebida y placer tienen prioridad sobre el buque de guerra espiritual y la estricta obediencia requerida por las Escrituras.

La falta de conexión religiosa puede provenir de la importación de las escrituras hebreas en la civilización occidental. Desde una edad temprana, los hebreos aprenden sobre su fe y cómo vivir y hacen que las Escrituras sean parte de su cultura que los identifica como la comunidad judía global. La civilización occidental, por otro lado, adoptó las escrituras hebreas pero continúa luchando para integrarlas completamente en su cultura. Hoy, ¿no tienes idea si alguien es un verdadero creyente en Dios o un falso profeta que está más preocupado por hacerse rico usando la religión para satisfacer su ego y rodearse de placeres más materialistas?

Como líder, es esencial estar al tanto de las luchas políticas y religiosas que enfrenta la sociedad actual. Los pilares y la estructura de la sociedad, y las decisiones sobre qué y cómo enseñó la gente no están determinadas por los padres sino por las fuerzas políticas que controlan el sistema y las leyes. En la mayoría de los casos, los líderes políticos no actúan sobre lo que está a favor de las personas o los padres, sino por lo que ellos y sus electores consideran correcto. Las personas deberían tener más voz en el proceso de toma de decisiones con respecto a sus asuntos sociales, legales, educativos y muchos otros para incluir lo que educaron las generaciones más jóvenes y lo que aprenden y cómo aprenden. El problema es que los líderes de la iglesia no han sido socios activos en la organización de más iniciativas para traer a Dios de vuelta al aula. También es responsabilidad de los padres elegir líderes que sientan que los apoyarían y cumplirían sus deseos. Los líderes de las escuelas públicas se colocan en una posición desafiante y deben obedecer las reglas y regulaciones que les imponen las agencias federales y estatales.

Kouzes y Posner, en su libro The Leadership Challenge, hacen una pregunta si aprendieron los principios de liderazgo. La personalidad de un individuo se desarrolló aproximadamente a la edad de siete años, y cada persona tiene un perfil de personalidad diferente con diferentes habilidades de aprendizaje y desarrollo. Estas diferencias individuales vienen en forma de inteligencia y creatividad; cada uno tiene una capacidad diferente para procesar información y cómo relaciona pruebas para el medio ambiente y otros. ¿Permanecen las preguntas de vejez si los líderes nacen o se hacen?

Las personas en cualquier posición de autoridad necesitan tener una amplitud y experiencia en las áreas de liderazgo y gestión, junto con la capacidad de utilizar diversas técnicas de perfil psicológico para ser los mejores líderes que puedan ser. Los líderes exitosos han demostrado la capacidad de adaptarse y cambiar según las condiciones y el medio ambiente. El estado de ánimo y la salud de un líder juegan un papel importante durante las situaciones críticas de toma de decisiones. No hay un rasgo de liderazgo aparente que determine el éxito, pero la alta energía, integridad y responsabilidad constituyen el núcleo fundamental de un líder exitoso. Sí, el liderazgo aprendió, pero también se necesita la combinación correcta de individuo y personalidad junto con los miembros del equipo cooperativo para garantizar el éxito.

Según Kouzes y Posner, "cuando operan de la mejor manera, líderes: modelan el camino, inspiran una visión compartida, desafían el proceso, permiten que otros actúen y alientan el corazón". Los líderes exitosos continuamente se ocupan del presente mientras miran hacia el futuro y bien en el futuro. El objetivo de un líder es garantizar la supervivencia de la organización y las personas bajo su mando.

El liderazgo de una organización es responsable de proporcionar la planificación estratégica general con una visión hacia el futuro y el cumplimiento general de la misión. Platón dijo una vez: "Los ojos del alma de las multitudes no pueden soportar la visión de lo divino". Históricamente, los grandes líderes han demostrado la capacidad de tener una perspectiva diferente y una visión integral de su mundo. Esta capacidad dada por Dios para poder ver las cosas desde una perspectiva diferente ha demostrado ser la diferencia entre ganar y perder o la vida o la muerte. Los grandes líderes ven las cosas con un ojo diferente y siempre están pensando y procesando diferentes escenarios en la mente mientras piensan y planean el próximo movimiento como maestros de ajedrez en el juego de la vida.

Según el general Omar N. Bradley, jefe de personal, "el liderazgo es el arte de influir en el comportamiento humano a través de la capacidad de influir en las personas y dirigirlas directamente hacia una meta específica". Esta definición destaca dos elementos fundamentales: meta o tarea específica e influencia personas para lograrlo. Los líderes deben ser conscientes tanto de la tarea o el objetivo en cuestión como de las personas que lo hacen. Lograr la meta debe ser el enfoque principal para obtener resultados exitosos.

Sin embargo, un líder exitoso reconoce que las personas hacen las cosas y necesitan apoyo y orientación para lograrlo. El mayor desafío para un líder es la capacidad de motivar a las personas; motivar a las personas puede ser la parte más desafiante del liderazgo. Cada persona tiene un estilo de personalidad diferente con variadas habilidades de aprendizaje y desarrollo. Estas diferencias individuales vienen en forma de inteligencia y creatividad; Cada uno de nosotros tiene una capacidad diferente para procesar información y cómo nos relacionamos entre nosotros. La motivación y la actitud determinan el éxito; Es un estado mental interno que nos guía hacia mayores logros y metas.

Los líderes exitosos tienen características distintivas específicas que los separan del resto del grupo. Se espera que los líderes sean honestos y veraces, con la combinación correcta de características y rasgos. La capacidad de los buenos líderes para tomar decisiones acertadas es lo que separa a los grandes líderes de sus pares mientras se gana el respeto de sus seguidores. Como el famoso George S. Patton dijo: "Pastoreamos ovejas, manejamos ganado y guiamos personas. Dirija, siga o salga del camino ". Sería seguro decir que es un desafío controlar o cambiar a las personas que nos rodean. Claro, poder y autoridad sobre ellos, pero este no es un liderazgo real. El liderazgo auténtico se muestra cuando uno le da la espalda a las personas, y las personas harán lo correcto, porque lo desean, no por ser forzados. Lo más importante a tener en cuenta como líder es ajustar la personalidad para adaptarse a la situación y a las personas bajo el mando.

Según Hackman y Johnson (2008), el liderazgo comparte todas las características de las comunicaciones humanas. La comunicación es el salvavidas de una organización; determina qué tan bien las personas interactúan y trabajan entre sí. Cuando las líneas de comunicación fallan, y las organizaciones luchan y eventualmente no logran cumplir sus objetivos o cumplir su misión. La clave para una comunicación exitosa es darse cuenta de la importancia de identificar varias formas de comunicación y su aplicación para adaptarse a la situación o el lugar mientras se aplican con habilidad y sabiduría. El ex jefe de gabinete de la Fuerza Aérea, general Thomas D. White, creía: "La información es el vínculo esencial entre el liderazgo sabio y la acción decidida". Es el trabajo del líder mantener abiertos todos los canales de comunicación. Cuanto más alto se vuelve un líder, más l Habilidades de resistencia que necesitan. Los líderes que usan palabras con habilidad aumentan su influencia. Los líderes deben ser conscientes de cuándo deben permanecer en silencio y cuándo hablar con la verdad para mantener la tranquilidad y la paz en torno a la influencia de su investigación y trabajo.

Warren G. Bennis, considerado pionero en estudios de liderazgo, una vez se le pidió que describiera la diferencia entre liderazgo y administración. Él dijo: "La administración está haciendo que la gente haga lo que necesita. El liderazgo está haciendo que la gente quiera hacer ". Los líderes deben tener una comprensión de las habilidades de gestión y liderazgo para maximizar sus talentos y el control de sus recursos. Además, el liderazgo y la gestión van de la mano, y los dos deberían trabajar en armonía. En otras palabras, el liderazgo es una forma de arte que influye en las personas y se requieren habilidades de gestión para que su organización funcione sin problemas. Los mejores gerentes tienden a convertirse en líderes éticos más porque desarrollan habilidades de liderazgo con el tiempo y las habilidades requeridas utilizando técnicas de gestión adecuadas. Además, rara vez un líder efectivo no es un buen gerente; ambos aportan una sensación de equilibrio. Los líderes exitosos aportan un toque humano a la gerencia con habilidades de motivación, influencia y proporcionan una motivación inspiradora para cualquier persona con quien se encuentren.

El ambiente de trabajo actual se considera un crisol de diferentes culturas y personalidades con intereses egoístas en todos los niveles dentro de la organización. Comportamiento humano influenciado por estilos de personalidad y condiciones ambientales externas que se forman a partir de experiencias en la familia, la sociedad y el lugar de trabajo. Las organizaciones tienen una jerarquía estructurada de liderazgo y gestión, y cada nivel tiene su propio conjunto de valores y responsabilidades con la cadena de mando. Su eslabón más débil determina el éxito del equipo. Es por eso que las líneas de comunicación y procesos no son como islas individuales sino como un esfuerzo colectivo hacia la misión u objetivo.

Hackman y Johnson dijeron: "la efectividad del liderazgo depende cada vez más de la competencia emocional intercultural, la capacidad de enviar y recibir con precisión mensajes emocionales a través de las fronteras culturales". La cultura es única para cada organización; es lo que define al grupo al tiempo que les proporciona un objetivo común que los mantiene unidos para alcanzar sus objetivos y objetivos. El liderazgo de la organización debe alentar a sus miembros a desarrollar creencias y valores compartidos mediante la creación de una cultura de confianza, optimismo y un sistema que promueva la idea de la mejora continua en el entorno laboral y las prácticas de liderazgo y gestión.

El clima de la organización apunta a una percepción compartida del comportamiento en lugar de creencias o valores. Las organizaciones tienen culturas distintivas, valores centrales y creencias, que proporcionan a los miembros un sentido de misión e identidad organizacional. El éxito de la organización depende del trabajo en equipo; los líderes necesitan crear el ambiente para el éxito; controlan el sistema y tienen la autoridad para realizar cambios en el proceso. Con el fin de satisfacer al individuo de la organización, la gerencia debe incluirlos en el proceso de toma de decisiones al tiempo que fomenta las ideas de mejora, lo que resulta en mejores productos o resultados para la línea de fondo o la misión de la organización.

El liderazgo se trata de poder, y la ética se trata del uso adecuado o mal uso del poder. El crecimiento o la desintegración del núcleo ético de cada persona es el centro desde el cual ejerce este poder. Según Hackman y Johnson, "si bien el poder puede existir sin liderazgo, el liderazgo no puede existir sin poder". Los seis aspectos del poder del cargo son inspiradores, carismáticos, expertos, persuasivos, de conocimiento y poder coercitivo. Los líderes tienen un poder legítimo conferido por posiciones legales y formales. El poder referencial es otra forma de poder cuando el líder se identifica con su gente bajo su mando.

El poder experto, por ejemplo, lo obtienen personas con conocimientos o habilidades especializadas y estos expertos desempeñan un papel fundamental en el funcionamiento de una organización. El poder coercitivo es también una forma de poder poco ético que a veces se usa para castigar o mantener el control usando estrategias dañinas y manipuladoras. El poder y la influencia van de la mano, mientras que los buenos líderes eligen el camino de la justicia. La clave para ser un líder activo y ético es poner la fe a la vanguardia y al mismo tiempo adaptarse al uso del nivel de autoridad apropiado requerido para adaptarse a la situación o la tarea en cuestión.

La dinámica del equipo incluye interacciones complejas entre los miembros del equipo e influye en su comportamiento y desempeño. Muchas fuerzas afectan a los equipos; para incluir diferentes estilos y tipos de personalidad, amistades, relaciones, equipos, instalaciones y diseño, influencias externas, líderes y gerentes de alto nivel, y muchos más. El éxito del equipo estará determinado por qué tan bien podrá manejar y superar muchos problemas que son parte de la dinámica del equipo. El libro de Stephen Covey titulado Seven Habits of Highly Effect ive People define la sinergia como "El todo es mayor que la suma de las partes". Todos los individuos y equipos exitosos se dan cuenta de la importancia de la sinergia. Los equipos que no desarrollan sinergia tienen dificultades para lograr sus objetivos y tareas, mientras luchan por coexistir entre sí. La pregunta es, ¿los miembros del equipo trabajan bien juntos y se apoyan mutuamente? Si no lo están, sus posibilidades de éxito disminuyen y, por otro lado, si están gesticulando y haciendo clic como segundos en un reloj, entonces sus posibilidades de éxito son muy probables.

Conocer las fortalezas y debilidades es fundamental para un liderazgo efectivo. El líder debe ser capaz de reconocer sus capacidades y limitaciones. El ex sargento mayor jefe de la Fuerza Aérea, Robert D. Gaylor, lo expresó de esta manera: "Claro, todos quieren ser un líder efectivo, ya sea en la Fuerza Aérea o en la comunidad. Puede y será si identifica las fortalezas, capitaliza en ellas y se esfuerza conscientemente por reducir y minimizar los tiempos aplicando el estilo de manera inapropiada ". Los grandes líderes ven las cosas en general y la visión general mientras piensan y planifican el próximo movimiento como maestros de ajedrez en el juego. de vida. El liderazgo requiere comprensión y la voluntad de tener el estado mental correcto y una actitud positiva. Los grandes líderes confían en la sabiduría y siempre tratan de no repetir los fracasos del pasado mientras permanecen en el camino de la justicia.

Es fácil concluir que es un desafío para los líderes controlar o cambiar a las personas que los rodean. Claro, pueden usar su poder de posición para dirigir a las personas bajo su mando, pero este es un liderazgo real. El liderazgo es cuando. Regrese y no esté cerca, las personas harán lo correcto porque quieren no porque les dijeron. Lo más importante a tener en cuenta como líder es ajustarse a sí mismo y a la personalidad para adaptarse a la situación y al individuo, y este es un liderazgo verdaderamente efectivo.

No estoy seguro si puede enseñar liderazgo, pero los líderes exitosos se dan cuenta de la necesidad de un cambio, con ajustes continuos en el estilo de liderazgo para adaptarse a la situación. El general Patton dijo una vez, "en desfile todos los días", lo que significa que los superiores y subordinados observan cada movimiento. Hacer. El personaje es algo. ganar desde una edad temprana e influenciado por la familia, los amigos y la sociedad, y es parte de la personalidad. La mayoría de nosotros nacemos con una mente sana, y sabemos intrínsecamente de lo correcto y lo incorrecto, cuándo. Mira más profundo, y se reduce a tomar las decisiones correctas. Liderazgo y carácter van de la mano, y sabrás de qué estás hecho, especialmente cuando te enfrentas a situaciones difíciles mientras tomas decisiones difíciles. ¿Elegirás la ruta de menor resistencia o tomarás la decisión correcta en función de un carácter fuerte basado en rasgos de integridad, honestidad y coraje?

Notas:

Desafío de liderazgo

Kouzes y Posner (2008), en su libro The Leadership Challenge, hacen una pregunta si el liderazgo aprendió? La personalidad de un individuo se formó aproximadamente a la edad de siete años y cada persona tiene un perfil de personalidad diferente con variadas habilidades de aprendizaje y desarrollo. Estas diferencias individuales vienen en forma de inteligencia y creatividad; cada persona tiene una capacidad diferente para procesar información y cómo se relaciona con el medio ambiente y con los demás. ¿Permanecen las preguntas de vejez si los líderes nacen o se hacen?

Las personas en cualquier posición de autoridad necesitan tener una amplitud y experiencia en las áreas de liderazgo y gestión, junto con la capacidad de utilizar diversas técnicas de perfil psicológico para ser los mejores líderes que puedan ser. Los líderes exitosos han demostrado la capacidad de adaptarse y cambiar según las condiciones y el medio ambiente. El estado de ánimo y la salud de un líder juegan un papel importante durante las situaciones críticas de toma de decisiones. No hay un rasgo de liderazgo aparente que determine el éxito, pero la alta energía, integridad y responsabilidad constituyen el núcleo fundamental de un líder exitoso.

Según Kouzes y Posner (2008), "cuando operan de la mejor manera, líderes: modelan el camino, inspiran una visión compartida, desafían el proceso, permiten que otros actúen y alientan el corazón". Los líderes exitosos se ocupan continuamente del presente mientras mira hacia adelante y hacia el futuro. El objetivo de un líder es garantizar la supervivencia de la organización y las personas bajo su mando. El liderazgo de una organización es responsable de proporcionar la planificación estratégica general con una visión hacia el futuro y el cumplimiento general de la misión. Platón dijo una vez: "Los ojos del alma de las multitudes no pueden soportar la visión de lo divino". Históricamente, los grandes líderes han demostrado la capacidad de tener una perspectiva diferente y una visión integral de su mundo. Esta capacidad dada por Dios para poder ver las cosas desde una perspectiva diferente ha demostrado ser la diferencia entre ganar y perder o la vida o la muerte. Los grandes líderes ven las cosas con una diferencia ojo y siempre están pensando y procesando diferentes escenarios en la mente mientras piensan y planean el próximo movimiento como maestros de ajedrez en el juego de la vida.

Warren G. Bennis, considerado pionero en estudios de liderazgo, una vez se le pidió que describiera la diferencia entre liderazgo y administración. Él dijo: "La administración está haciendo que las personas hagan lo que tienen que hacer. El liderazgo es hacer que las personas quieran hacer lo que tienen que hacer ". Los líderes deben tener una comprensión de las habilidades de gestión y liderazgo para maximizar sus talentos y el control de sus recursos. Además, el liderazgo y la gestión van de la mano, y los dos deberían trabajar en armonía. En otras palabras, el liderazgo es una forma de arte que influye en las personas y se requieren habilidades de gestión para que su organización funcione sin problemas. Los mejores gerentes tienden a convertirse en líderes éticos más porque desarrollan habilidades de liderazgo con el tiempo y las habilidades requeridas utilizando técnicas de gestión adecuadas. Además, rara vez un líder efectivo no es un buen gerente; ambos aportan una sensación de equilibrio. Los líderes exitosos aportan un toque humano a la administración con habilidades de motivación, influencia y proporcionan inspiración y motivación a las personas.

Según el general Omar N. Bradley, jefe de personal, "el liderazgo es el arte de influir en el comportamiento humano a través de la capacidad de influir en las personas y dirigirlas directamente hacia una meta específica". Esta definición destaca dos elementos fundamentales: meta o tarea específica e influencia personas para lograrlo. Los líderes deben ser conscientes tanto de la tarea o el objetivo en cuestión como de las personas que lo hacen. Lograr la meta debe ser el enfoque principal para obtener resultados exitosos. Sin embargo, un líder exitoso reconoce que las personas hacen las cosas y necesitan apoyo y orientación para lograrlo.

El mayor desafío para un líder es la capacidad de motivar a las personas; motivar a las personas puede ser la parte más desafiante del liderazgo. Cada persona tiene un estilo de personalidad diferente con variadas habilidades de aprendizaje y desarrollo. Estas diferencias individuales vienen en forma de inteligencia y creatividad; Cada uno de nosotros tiene una capacidad diferente para procesar información y cómo nos relacionamos entre nosotros. La motivación y la actitud determinan el éxito; Es un estado mental interno que nos guía hacia mayores logros y metas.

El ambiente de trabajo actual se considera un crisol de diferentes culturas y personalidades con intereses egoístas en todos los niveles dentro de la organización.

Comportamiento humano influenciado por estilos de personalidad y condiciones ambientales externas que se forman a partir de experiencias en la familia, la sociedad y el lugar de trabajo. Las organizaciones tienen una jerarquía estructurada de liderazgo y gestión, y cada nivel tiene su propio conjunto de valores y responsabilidades con la cadena de mando. Su eslabón más débil determina el éxito del equipo. Es por eso que las líneas de comunicación y procesos aprendidos no son como islas individuales sino como un esfuerzo colectivo hacia la misión u objetivo.

La cultura es única para cada organización; es lo que define al grupo al tiempo que les proporciona un objetivo común que los mantiene unidos para alcanzar sus objetivos y objetivos. El liderazgo de la organización debe alentar a sus miembros a desarrollar creencias y valores compartidos mediante la creación de una cultura de confianza, optimismo y un sistema que promueva la idea de la mejora continua en el entorno laboral y las prácticas de liderazgo y gestión.

El clima de la organización apunta a una percepción compartida del comportamiento en lugar de creencias o valores. El clima organizacional, por otro lado, consiste en características internas de comportamiento que distinguen a un grupo de otro y desempeña un papel importante en la influencia del comportamiento de los individuos. El clima de la organización puede describirse por la apertura, la salud y la ciudadanía entre las interacciones de los individuos dentro de todos los niveles de la organización. Las organizaciones tienen culturas distintivas, valores centrales y creencias, que proporcionan a los miembros un sentido de misión e identidad organizacional. El éxito de la organización depende del trabajo en equipo; los líderes necesitan crear el ambiente para el éxito; controlan el sistema y tienen la autoridad para realizar cambios en el proceso. Con el fin de satisfacer al individuo de la organización, la gerencia debe incluirlos en el proceso de toma de decisiones al tiempo que fomenta las ideas de mejora, lo que resulta en mejores productos o resultados para la línea de fondo o la misión de la organización.

Los líderes exitosos tienen características distintivas específicas que los separan del resto del grupo. Se espera que los líderes sean honestos y veraces, con la combinación correcta de características y rasgos. Los proverbios nos enseñan primero acerca de cómo llevar nuestras propias vidas y luego la forma en que debemos guiar a los demás.

La capacidad de los buenos líderes para tomar decisiones acertadas es lo que separa a los grandes líderes de sus pares mientras se gana el respeto de sus seguidores. Como dijo el general George S. Patton: "Nosotros pastoreamos ovejas, pastoreamos ganado, manejamos ganado y lideramos personas. Dirija, siga o salga del camino ". Sería seguro decir que es un desafío controlar o cambiar a las personas que nos rodean. Claro, pueden usar el poder y la autoridad sobre ellos, pero este no es un liderazgo auténtico. El liderazgo se muestra cuando uno se vuelve hacia las personas, y las personas harán lo correcto porque quieran, no porque se les diga. Lo más importante a tener en cuenta como líder es ajustar la personalidad para adaptarse a la situación y a las personas bajo el mando.

¿Se aprende el carácter o se demuestra el carácter con el ejemplo? Los líderes exitosos predican con el ejemplo, y por ejemplo, el general Patton dijo una vez, "están en un desfile todos los días", la gente bajo el mando observará cada movimiento y acción tomada; por lo tanto, es esencial ser el mejor ejemplo que pueda ser.

El carácter es algo adquirido desde una edad temprana e influenciado por la familia, los amigos, la sociedad y la personalidad. La mayoría de nosotros nacemos con una mente sana, y sabemos intrínsecamente de lo correcto y lo incorrecto, cuándo. Mire, todo se reduce a tomar una decisión. El personaje entra en juego, especialmente cuando se enfrentan a tomar decisiones difíciles. Elegirán la ruta de menor resistencia tomará la decisión correcta basada en un carácter fuerte basado en rasgos de liderazgo de alta integridad, honestidad y coraje.

Platón dijo una vez: "Los ojos del alma de las multitudes no pueden soportar la visión de lo divino". Los líderes exitosos continuamente necesitan buscar la verdad mientras obtienen conocimiento diariamente para asegurar y crear un ambiente de experiencia espiritual y gratificante. para las personas que lideran, ahora y en el futuro. Leader proporciona la planificación estratégica general de la escuela al tiempo que promueve la cooperación y el trabajo en equipo con una visión hacia el logro de la misión.

El fenómeno de todo liderazgo tiene que ver con el poder, y la ética tiene que ver con el uso apropiado o mal uso del poder. El crecimiento o la desintegración de la fibra ética de cada persona es el centro desde el cual ejerce este poder. Los seis aspectos del poder del cargo son inspiradores, carismáticos, expertos, persuasivos, de conocimiento y poder coercitivo ". Los líderes tienen el poder legítimo que les confieren las agencias estatales y del distrito. El poder referencial es otra forma de poder cuando el líder se identifica con su gente bajo su mando. El poder experto, por ejemplo, lo obtienen personas con conocimientos o habilidades especializadas y estos expertos desempeñan un papel fundamental en el funcionamiento de una organización. El poder coercitivo es también una forma de poder poco ético que a veces se usa para castigar o mantener el control usando estrategias dañinas y manipuladoras. El poder y la influencia van de la mano, mientras que los buenos líderes eligen el camino de la justicia.

Los líderes exitosos tienen características distintivas específicas que los separan del resto del grupo. Se espera que los líderes sean honestos y veraces, con la combinación correcta de características y rasgos. Los proverbios nos enseñan primero acerca de cómo llevar nuestras propias vidas y luego la forma en que debemos guiar a los demás. La capacidad de los buenos líderes para tomar decisiones acertadas es lo que separa a los grandes líderes de sus pares mientras se gana el respeto de sus seguidores. Como dijo el famoso general George S. Patton: "Pastoreamos ovejas, pastoreamos ganado, manejamos ganado y lideramos personas. Dirija, siga o salga del camino ". Sería seguro decir que es un desafío controlar o cambiar a las personas que nos rodean. Claro, pueden usar su poder y autoridad sobre ellos, pero este no es un liderazgo real. El liderazgo auténtico se muestra cuando vuelves a las personas, y las personas harán lo correcto porque quieran, no porque se lo hayan pedido. Lo más importante a tener en cuenta como líder es ajustarse a sí mismo y a la personalidad para adaptarse a la situación y a las personas bajo su mando.

La integridad es un compromiso total con las más altas características personales y profesionalismo con estándares éticos. Los líderes primero deben ser honestos y veraces en todo lo que hacen. Integridad significa establecer un conjunto de valores personales y no comprometer la posición o las personas bajo su mando. El ex Jefe de Estado Mayor de la Fuerza Aérea, general Charles Gabriel, dijo: "La integridad es la premisa fundamental del servicio militar en una sociedad libre. Sin integridad, los pilares morales de nuestra fuerza militar, confianza pública y autoestima se pierden ". Los proverbios enseñan los principios rectores fundamentales del liderazgo, enfatizando la importancia de la integridad y el valor. Los grandes líderes parecen estar por encima de cualquier reproche y se compromete una voluntad involuntaria y la capacidad de mantenerse fieles a sus valores. Lo que separa a los líderes, los buenos líderes saben la importancia de la integridad, y sin ella, pueden perder el respeto de sus seguidores y superiores.

La buena disposición para actuar es lo que deben hacer los buenos líderes; deben tener la confianza en sí mismos para tomar decisiones oportunas. El líder debe comunicar efectivamente la decisión a su gente. El almirante británico Sir Roger Keyes enfatizó que "en general Cuando llega una empresa valiosa, llega un momento en que se toman decisiones valientes ". Por supuesto, la decisión incluye la disposición a aceptar la responsabilidad. Los líderes siempre son responsables: cuando las cosas van bien y cuando las cosas van mal. La ley de navegación nos enseña a verificar la fuente de la sabiduría y los motivos mientras verificamos los resultados. Leader proporciona la planificación estratégica general de la escuela al tiempo que promueve la cooperación y el trabajo en equipo con una visión hacia el logro de la misión.

Conocer las fortalezas y debilidades es fundamental para un liderazgo efectivo. El líder debe ser capaz de reconocer sus capacidades y limitaciones. El ex Sargento Primero en Jefe de la Fuerza Aérea, Robert D. Gaylor, lo expresó de esta manera: "Claro, todos quieren ser un líder efectivo, ya sea en la Fuerza Aérea o en la comunidad, y lo serán si identifican fortalezas, capitalizarlas. y se esfuerza conscientemente por reducir y minimizar los tiempos de aplicación de estilo inapropiadamente ".

Basado en mi experiencia militar personal en liderazgo y gestión, me ha llevado a la conclusión de que es un desafío controlar o cambiar a las personas que nos rodean. Los líderes deben ser individuos altamente éticos con estándares más altos de integridad y valores morales. Líderes en una posición de autoridad que tiene efectos duraderos para las personas que lideran. Es esencial que los líderes vean el ejemplo de Dios y no abusen de su autoridad y siempre se mantengan humildes con su enfoque al tratar con las personas que están debajo de ellos.

¿Se puede enseñar el liderazgo?

Nuestra respuesta es un inequívoco "sí". ¿No es sorprendente que nunca hayamos formulado la pregunta:

"¿Se puede aprender la administración?" Simplemente asumimos que las personas podrían ser educadas y capacitadas para ser gerentes y desarrollar aún más en mejores gerentes. Basado en esta creencia, miles de millones de dólares invertidos en programas de pregrado y posgrado. Imagine lo que podría ser posible si todos asumieran lo mismo sobre el liderazgo.

El liderazgo no se trata solo de líderes. Tampoco es el liderazgo sobre algún puesto o lugar en una organización o comunidad. En el mundo actual de cambios implacables en tecnología, mercados, alianzas organizacionales, fusiones y asociaciones; de aumentar la competitividad global; de acelerar la diversidad de ideas junto con una coalición arcoíris de antecedentes, creencias, habilidades y experiencias individuales; de continuar la reingeniería de procesos y el dimensionamiento correcto de las organizaciones y el aplanamiento de las formas organizacionales, el liderazgo debe ser asunto de todos.

El calibre de los gerentes planteados suponiendo que las personas pueden aprender habilidades y conocimientos asociados con las buenas prácticas de gestión. Lo mismo puede con el liderazgo. Ver el liderazgo como un conjunto de rasgos de carácter que no se puede aprender condena a las sociedades y sus organizaciones a tener solo unos pocos buenos líderes. Es mucho más saludable y productivo comenzar con la suposición de que todos pueden liderar. Creemos en una profecía autocumplida. Una vez que asumimos que el liderazgo se puede aprender, descubrimos cuántos buenos líderes hay realmente. Las personas tienden a desempeñarse al nivel de las expectativas propias y de otras personas, y este fenómeno se documenta en adultos en el lugar de trabajo y en la escuela. Si nosotros, como líderes (o padres, gerentes o amigos), comenzamos con el supuesto de que algunas personas tienen habilidades de liderazgo y otras no, entonces es probable que obtengamos exactamente el tipo de líderes que esperamos.

De hecho, no debemos engañar a las personas para que crean que pueden alcanzar objetivos poco realistas. Tampoco debemos suponer que solo unos pocos lograrán la excelencia en el liderazgo o cualquier otro esfuerzo humano. Los que tienen más éxito en sacar lo mejor de los demás son aquellos que establecen metas alcanzables pero que se extienden y creen que pueden desarrollar los talentos de los demás deben creer que el liderazgo aprendió.

No habríamos escrito este desafío de liderazgo si no creyéramos que la gente común puede aprender cómo hacer cosas extraordinarias. No nos habríamos molestado a menos que creyéramos que la gente común podría convertirse en líderes extraordinarios. Lo más probable es que también creas que el liderazgo se aprende o no sería un líder. Tal vez las cualidades de liderazgo se exhibirán en nombre de la organización, o la iglesia, o la comunidad, o los exploradores, o el sindicato, o la corporación, o la familia. Muchos han tenido una historia de liderazgo que contar, en algún lugar, en algún momento, el líder dentro de cada uno de nosotros recibe el llamado de dar un paso adelante y hacer lo correcto.

Harry Levinson y Stuart Rosenthal, ambos expertos psiquiátricos, hacen este comentario sobre el desarrollo de los líderes: "Nuestro punto de vista es que algunas personas quieren ser líderes y verse a sí mismos como líderes. Otros están a la altura de las circunstancias. En cualquier caso, ven lo que debe hacerse y lo hacen. Proporcionan estabilidad y apoyo mientras definen objetivos y brindan tranquilidad. A veces se convierten en líderes cuando se enojan por algo, se incendian y comienzan a llevar a las personas a convertirse en líderes cuando aprenden a tomar una posición, a tomar riesgos, a anticipar, iniciar e innovar".

Lo mismo para los líderes que estudiamos. Muchos de ellos no iniciaron los mejores proyectos de liderazgo personal que escribieron y hablaron, sin embargo, estuvieron a la altura de las circunstancias. Otros aceptaron una tarea y luego encontraron impulso y cambio de actitud hacia el cumplimiento de la misión. Ninguno de nosotros puede conocer nuestra verdadera fuerza hasta que se nos desafíe a presentarla. Como ha señalado la autora y activista social Rita Mae Brown: "Las personas son como bolsitas de té" nunca saben lo fuertes que serán hasta que se pongan en agua caliente ".

¿Qué es exactamente el liderazgo?

Hay más de 225 definiciones de liderazgo que se encuentran en la literatura. ¡Elegir uno! Por supuesto, ofrecemos lo que funciona mejor para nosotros en nuestro trabajo con las personas (y con gerentes, funcionarios gubernamentales, organizadores comunitarios, proveedores de atención médica y todos los administradores), pero no reclamamos la última palabra sobre "definir" el liderazgo. Ha dicho, "no se puede capturar un río en un balde", y creemos que se puede decir lo mismo acerca de tratar de definir el liderazgo. Podemos investigar, analizar y examinar el liderazgo, pero en este esfuerzo, a menudo fallamos en capturar su verdadera esencia.

El historiador Arthur M. Schlesinger, Jr. ha señalado: "El concepto mismo de liderazgo implica la proposición de que las personas marcan la diferencia en la historia". Este punto de la gente común en su mejor momento personal como líderes. Cuando Philip L. Smith, como presidente y director de operaciones de General Foods, discutió el liderazgo con grupos de altos ejecutivos en el programa de desarrollo ejecutivo de la compañía, les pidió a cada uno "compartir una historia sobre un líder o líderes que han tenido un profundo impacto en su vida y sus valores ". Como resultado de este intercambio libre y abierto, informó que los participantes reciben un mensaje contundente:" Así como los líderes los han influenciado, también pueden tener un impacto duradero y convincente en las personas que manejan . "

Prácticamente todos podemos nombrar al menos a un líder cuyo impacto convincente hemos sentido. A veces es una figura bien conocida del pasado que cambió el curso de la historia. A veces elegimos modelos contemporáneos que sirvieron como ejemplos de éxito. Sin embargo, otros son los que nos ayudaron a aprender entrenadores, líderes, padres, amigos, gerentes. Los líderes marcan la diferencia, y es por eso que nos importa tanto el desarrollo del liderazgo, especialmente entre las organizaciones. En una serie de estudios que involucran a líderes de entornos de trabajo (resumidos más adelante), el liderazgo dentro de la efectividad organizacional.

Creemos que el liderazgo es un conjunto de habilidades. Al igual que cualquier habilidad, con la motivación y el deseo adecuados, con práctica y retroalimentación, a través de modelos a seguir y entrenamiento, esta habilidad se puede fortalecer, perfeccionar y mejorar. El conjunto de habilidades articuladas en The Leadership Challenge no explica el 100 por ciento de la variación cuando se trata de liderazgo, pero ¿qué modelo de ciencias sociales hace? Explicamos una cantidad sustancial (y estadísticamente significativa) de la variación, y nuestro marco es un lugar relativamente simple y comprensible para comenzar a aprender acerca de ser un líder. Este marco ha demostrado ser bastante útil y robusto en una variedad de disciplinas no solo para enseñar sobre liderazgo sino también para ayudar a las personas a adquirir y desarrollar sus habilidades de liderazgo.

¿Cómo se convierte uno en el tipo de persona que marca la diferencia? ¿Cómo enseñamos a las personas a convertirse en los mejores líderes posibles? En nuestros estudios, así como en otros del Centro para el Liderazgo Creativo y corporaciones como Honeywell, tres oportunidades significativas para aprender a emerger: (a) prueba y error, (b) observación de otros, y (c) formal y capacitación verán estos tres elementos se incorporan de manera destacada en los diseños de cursos que siguen. Algunos instructores han desarrollado su curso específicamente sobre The Leadership Challenge, y otros lo han incluido como uno de muchos otros recursos en el diseño de su curso.

Según Kouzes y Posner (2008), "cuando operan de la mejor manera, líderes: modelan el camino, inspiran una visión compartida, desafían el proceso, permiten que otros actúen y alientan el corazón".

Las Cinco Prácticas, más frecuentemente que en la actualidad, serán más efectivas. Sabemos por nuestra investigación que aquellos que modelan, inspiran, desafían, habilitan y alientan con mayor frecuencia tienen más probabilidades de hacer cosas extraordinarias que aquellos que lo hacen con menos frecuencia. El liderazgo ejemplar, en otras palabras, no es un accidente de nacimiento o circunstancia. Es el resultado de una práctica consciente y concienzuda. Para modelar efectivamente, primero debe creer en algo. Como líder, se supone que deben defender las creencias, entonces. Es mejor tener algunas creencias que defender. El primer compromiso que debe hacer, entonces, es encontrar una voz al aclarar los valores y luego expresarlos en un estilo auténticamente propio.

Los líderes imaginan el futuro. Miran a través del horizonte del tiempo, imaginando las atractivas oportunidades que están disponibles una vez que ellos y sus constituyentes llegan al destino. Los líderes tienen el deseo de hacer que algo suceda, de cambiar las cosas, de crear algo que nadie más tiene alguna vez creado antes.

Los líderes son personas pioneras que están dispuestas a salir a lo desconocido. Buscan oportunidades para innovar, crecer y mejorar. Sin embargo, ningún líder puede ser el único creador u originador de nuevos productos, servicios o procesos. Las innovaciones de productos y servicios tienden a provenir de clientes, clientes, proveedores, personas en los laboratorios y personas en la primera línea, mientras que las innovaciones en los procesos tienden a provenir de las personas que hacen que el trabajo, la contribución principal a la búsqueda de oportunidades, sea un reconocimiento del bien ideas, el apoyo de esas ideas y la voluntad de desafiar el sistema para obtener nuevos productos, procesos, servicios y sistemas adoptados. Los líderes saben bien que la innovación y el cambio requieren que experimenten y asuman riesgos. Una forma de lidiar con los riesgos potenciales y las fallas de la experimentación es abordar el cambio a través de pasos incrementales y pequeñas victorias. Las pequeñas victorias, una encima de la otra, generan suficiente confianza para enfrentar incluso los desafíos más importantes. Fortaleciendo gradualmente el compromiso con el futuro a largo plazo. Sin embargo, no todos se sienten igualmente cómodos con el riesgo y la incertidumbre, también deben prestar atención a la capacidad de los constituyentes para tomar el control de situaciones difíciles y comprometerse plenamente con el cambio.

Los líderes ejemplares permiten que otros actúen. Fomentan la colaboración y crean confianza. Esta sensación de trabajo en equipo va mucho más allá de unos pocos informes directos o confidentes cercanos. En la organización "virtual" de hoy, la cooperación se limita a un pequeño grupo de leales; debe incluir pares, gerentes, clientes y clientes, proveedores, ciudadanos, todos aquellos que tienen un interés en la visión deben involucrar, de alguna manera, a todos los que deben vivir con los resultados y deben hacer posible que otros hagan un buen trabajo .

El estímulo puede provenir de gestos dramáticos o acciones simples. Es parte del trabajo del líder reconocer las contribuciones al mostrar aprecio por la excelencia individual. En los casos que recopilamos, hubo miles de ejemplos de reconocimiento individual. Hemos escuchado y visto todo, incluyendo bandas de música, parodias disfrazadas, imitaciones de "This Is Life", así como

Las cinco prácticas y los diez compromisos de liderazgo ejemplar

Modelar el camino

Encuentra la voz aclarando valores.

Dé el ejemplo alineando acciones con valores compartidos.

Inspira una visión compartida

Visualice el futuro imaginando posibilidades emocionantes y ennoblecedoras.

Recluta a otros en una visión común apelando a aspiraciones compartidas.

Desafía el proceso

Busque oportunidades buscando formas innovadoras de cambiar, crecer y mejorar.

Experimente y asuma riesgos generando constantemente pequeñas ganancias y aprendiendo de los errores.

Permitir que otros actúen

Fomentar la colaboración promoviendo objetivos cooperativos y generando confianza.

Fortalezca a otros compartiendo poder y discreción.

Alentar el corazón

Reconocer las contribuciones al mostrar aprecio por la excelencia individual.

Celebre los valores y las victorias creando un espíritu de comunidad.

EL LIDERAZGO ES EL NEGOCIO DE TODOS

La próxima vez diga: "¿Por qué no hacen algo al respecto?" Mírese en el espejo. Pídale a la persona que vea, "¿Por qué no hacer algo al respecto?" Al aceptar el desafío de liderar, se da cuenta de que los únicos límites son esos lugares. Necesitamos más líderes hoy, no menos. Necesitamos que más personas acepten la responsabilidad de lograr cambios significativos en lo que hacemos y cómo lo hacemos. Necesitamos más personas para responder la llamada. El mundo necesita talentos.

Los mejores líderes están aprendiendo continuamente. Ven todas las experiencias como experiencias de aprendizaje. Sin embargo, hay una trampa. Las experiencias no examinadas no producen ideas ricas que provienen de la reflexión y el análisis. Para convertirnos en un mejor líder, debemos estudiar su desempeño y ser más conscientes de las opciones que tomamos. están haciendo y cómo están actuando según sus intenciones.

Para inspirar una visión compartida para el futuro al imaginar posibilidades emocionantes y ennoblecedoras y alistar a otros en los sueños apelando a aspiraciones compartidas. Para desafiar el proceso, busque oportunidades buscando formas innovadoras de cambiar, crecer y mejorar, y experimentar y asumir riesgos generando constantemente pequeñas ganancias y aprendiendo de los errores. Para permitir que otros actúen, fomente la colaboración promoviendo objetivos cooperativos y generando confianza, y fortalezca a otros compartiendo poder y discreción. El liderazgo es una relación y una buena relación con confianza. La confianza se fomenta escuchando y atendiendo a la otra persona.

Para alentar el corazón, reconozca las contribuciones mostrando aprecio por la excelencia individual y celebre los valores y las victorias creando un espíritu de comunidad. Reconocer las contribuciones individuales a los valores y los logros del proyecto es una oportunidad no solo para alentar el corazón de los miembros del equipo, sino también para reforzar los valores de su proyecto. Cada hito del proyecto es una oportunidad para que los miembros del equipo celebren lo que tienen Logramos y reunimos espíritu e ímpetu para continuar. Las ceremonias públicas tienen otro propósito convincente. Acercan a las personas. A medida que avanzamos hacia un mundo más virtual donde la comunicación es por correo de voz, correo electrónico, teléfono celular, videoconferencia y buscapersonas, cada vez es más difícil para las personas encontrar oportunidades para estar juntos. Somos animales sociales y nos necesitamos unos a otros, aquellos que tienen la suerte de tener mucho apoyo social. El apoyo social es esencial para nuestro bienestar y productividad. Celebrar juntos es una forma de obtener ese apoyo esencial.

Notas:

Principios de liderazgo

Según Maxwell, "los líderes deben responder a las personas en función de sus necesidades y no de sus fallas. Proverbios 25-21-22 nos alienta a ver lo que otros necesitan, incluso a nuestros enemigos, y a responder en consecuencia ". Las personas en cualquier posición de autoridad deben tener una amplitud y experiencia en el trato con todo tipo de personas. Dios nos ha dado a todos una conciencia individual y una personalidad diferente; los buenos líderes se dan cuenta de esto y adaptan su estilo de liderazgo en función de las necesidades de cada personalidad y la situación. Los líderes, por ejemplo, pueden querer incorporar un enfoque de enseñanza más directo con su gente. Mientras que en los niveles superiores, un líder puede ser prudente usar un estilo de liderazgo más holgado o participativo para acomodar a las personas más avanzadas.

Los buenos líderes no solo adoptan y aplican principios de liderazgo situacional, sino que, como se indica en Proverbios 23, los buenos líderes también tienen una visión al planificar hacia el futuro. Los líderes deben tener altos estándares éticos de carácter y principios; deben tener un alto carácter moral con una visión hacia el futuro. Los líderes afectan la vida de muchas personas, y deben ser pensadores de grandes dimensiones mientras lideran con una visión visionaria. Deben buscar continuamente la verdad y adquirir conocimiento diariamente para crear un ambiente de experiencia espiritual y gratificante para las personas que lideran en el futuro.

Proverbios 22: 6 proporciona lecciones valiosas para los padres sobre cómo ser amables y justos líderes para su gente. Los líderes juegan un papel crucial en el desarrollo de los subordinados, y todo comienza con la construcción del carácter y al proporcionar la disciplina adecuada. Un individuo al que no se le han enseñado los fundamentos básicos del buen carácter y disciplinado en una parte temprana de sus vidas probablemente tendrá deficiencias en estas áreas para asumir más responsabilidades. La disciplina es el componente básico de la creación de individuos con alta integridad y valores morales. Sin disciplina, todo se pierde, especialmente en las personas; necesitan una educación estructurada que incluya aliento y modelos positivos a seguir.

Los proverbios enseñan los principios rectores fundamentales del liderazgo, enfatizando la importancia de los valores, el carácter y la sabiduría de un líder. Los líderes parecen ser pensadores generales, y esta capacidad de una visión mental completa es lo que puede separarlos de sus seguidores. Las escrituras enseñan que cada uno de nosotros puede ser un buen líder; Al tener una fuerte voluntad de éxito y una actitud para esforzarse por mejorar y buscar sabiduría continuamente, se logran excelentes habilidades de liderazgo. El Libro de los Proverbios se trata; Es una hoja de ruta para que las personas mejoren su proceso de pensamiento y construyan fuertes valores morales basados en las enseñanzas de Dios. Los proverbios nos enseñan primero acerca de cómo llevar nuestras propias vidas y luego la forma en que debemos guiar a los demás. La capacidad de los buenos líderes para tomar decisiones acertadas es lo que separa a los grandes líderes de sus pares mientras se gana el respeto de sus seguidores.

El Rey Salomón emite una advertencia sobre la autoridad y el carácter de un líder: "Cuando los líderes intentan ejercer la autoridad sin el corazón de un sirviente, eventualmente se lastiman. Los líderes agregan valor al servir a los demás "Eclesiastés 8: 1-9. Los líderes deben ser individuos de fuerte carácter y fe, al mismo tiempo que ponen a Dios y a las personas por encima de sus ambiciones e intereses. Los líderes deben esforzarse por mantener con seguridad en sus corazones y almas su servidumbre a la autoridad superior de Dios.

Los líderes no deben ser engreídos y venosos porque "el Señor da y el Señor quita" (Job 1:21). Los líderes pueden liderar sin liderar y siendo modelos de conducta silenciosos y positivos al mismo tiempo que se dan cuenta de sus limitaciones y reconocen el orden superior del plan maestro de Dios. Según Proverbios sobre hormigas y liderazgo, "Las hormigas no necesitan un líder que les diga que comiencen. Las hormigas trabajan fielmente y no necesitan responsabilidad externa para que sigan haciendo lo correcto. Las hormigas trabajan duro y reemplazarán su hormiguero cuando se arruine "Proverbios 6: 6-8.

Los líderes deben permitir que las personas puedan usar su creatividad y libertad de expresión para que puedan crecer espiritual y académicamente. Dios nos ha dado la criatura más pequeña para aprender, las personas que se esfuerzan por ser líderes pueden aprender mucho de las hormigas. La primera lección es que las personas deben tener la autoridad y la flexibilidad para supervisar su aff aires. Este rasgo de carácter fue probablemente el más activo, al permitir que los subordinados se hicieran cargo de sus tareas o misiones les dio una sensación de empoderamiento y responsabilidad propia. El papel cambió de una figura autoritaria a un facilitador y líder. La debilidad del liderazgo del personal creería que la mayoría de las personas quieren hacer un buen trabajo; muchas veces, es el líder el que le falla a su gente, y esto ocurre porque no les proporciona la capacitación y la orientación adecuadas mientras les imponen limitaciones innecesarias. Los líderes influyen en las personas al predicar con el ejemplo, deben salir detrás del escritorio y estar en primera línea con su gente para que la respeten y la vean.

Los líderes deberían desarrollar medidas de calidad a lo largo de todo el proceso, asegurando que las personas se desarrollen progresiva y continuamente. Si la calidad está integrada en el sistema en el extremo frontal, no habría necesidad de realizar pruebas en el extremo posterior. El uso de estándares de características morales y éticas más altas enraizadas en las enseñanzas de las Escrituras garantizará a las personas una buena base basada en un orden religioso más significativo. En un sistema diseñado alrededor de la confianza, los estándares éticos y el alto carácter moral, las personas probablemente asumirían más responsabilidad por su aprendizaje. Las escrituras proporcionan una gran cantidad de conocimiento y sabiduría para las personas y solo enriquecerán sus vidas si buscan su fuente de verdad y conocimiento. La fe le da al personal el equilibrio mientras enriquece su espíritu con la bondad de Dios.

Según Proverbios en la sección de la ironía de los líderes espirituales, "los líderes piadosos piensan sin líneas: dejan a

Dios fuera de la caja". Los Proverbios mencionan que incluso la sabiduría sana separada de Dios puede convertirse en un obstáculo para las personas. Los Proverbios describen que se debe permitir a Dios fuera de estos límites de toma de decisiones. Al permitir que las personas incluyan la fe como una gran parte de allí, les daría a las personas la oportunidad de estar mejor preparados para el crecimiento espiritual y al mismo tiempo proporcionaría respuestas que la ciencia no puede responder.

Las escrituras le dan a las personas salto y auto intuición basadas en un orden superior de proceso de pensamiento espiritual. Los ideales Jeffersonianos de las universidades abiertas pueden ser el pensamiento innovador en el sistema actual. El sistema escolar abierto permitirá a las personas tomar clases según sea necesario sin restricciones. El sistema escolar abierto pondría más énfasis en la experimentación y menos en la memorización, mientras que permite a las personas la libertad de expresión para desarrollarse espiritualmente y crecer intelectualmente.

Notas:

Estudio de caso:
Doce en punto alto

Doce en punto, la película de guerra de 1949 sobre las tripulaciones aéreas estadounidenses volando sobre la Alemania nazi durante la Segunda Guerra Mundial. El coronel Keith Davenport (Gary Merrill) era el comandante del grupo de bombardeo masivo estacionado en Inglaterra durante los primeros días de la guerra. Davenport fue muy popular entre sus hombres, pero su grupo sufrió en disciplina y grandes pérdidas de aviones, ganando la reputación como el "grupo de la suerte".

Se lo consideraba uno de los muchachos y era muy cercano a sus hombres, ya ellos, a su vez, les gustaba por su estilo informal de liderazgo. Entendió los peligros de colocar a sus hombres a distancia de la pelea y esto le hizo cuestionar muchas órdenes de los cuarteles superiores. El mayor general Patrick Pritchard (Millard Mitchell), comandante general, visitó el grupo y se dio cuenta de que la razón de las altas pérdidas y la mala disciplina se debió en parte a la sobreidentificación de Davenport a sus hombres, lo que contribuyó a su incapacidad para liderar. Pritchard ordena un cambio de mando y le pide al general de brigada Frank Savage (Gregory Peck) que se haga cargo del trabajo.

Cuando el general Savage llega a su nuevo comando, encuentra todo en desorden y comienza a hacer cambios para corregir estos problemas. Implementa acciones disciplinarias severas en todo el grupo, y los hombres inmediatamente desearon que Davenport volviera y comenzaran a no gustarle. Es particularmente duro con el oficial ejecutivo teniente coronel Ben Gately (Hugh Marlowe) y lo pone bajo arresto por estar ausente sin permiso. Muchos de los pilotos pidieron transferirse del grupo para alejarse de su comando. Salvaje a través de su secretaria, impide que los aviadores completen su solicitud de transferencia para ganar más tiempo. Después de que Savage lidera al grupo en algunas misiones de bombardeo exitosas, devolviendo todos los aviones a la base, los aviadores comienzan a cambiar de opinión sobre su nuevo comandante.

Los pilotos finalmente se dan cuenta de que Savage estaba buscando su interés y tenía que implementar un estilo de liderazgo autoritario para que fueran un grupo disciplinado de luchadores, contribuyendo al éxito de su misión y salvando muchas de las vidas del piloto en el proceso. El General Savage se transforma de un líder de estilo autoritario al principio y luego en un líder participativo que incluyó a sus pilotos en los procesos de toma de decisiones para finalmente acabar con el agotamiento y la visión de perder a varios de sus mejores pilotos.

Debe mascota e Marshall transfer?

El coronel Davenport, en muchos sentidos, representa al líder más viejo. Ambos son muy populares entre su gente y se manejan en un estilo de liderazgo más holgazán y justo. Ahora, el nuevo líder está en la misma posición que el General Savage asumiendo el mando del grupo de vuelo o la escuela en desorden. Savage implementó de inmediato acciones disciplinarias severas e incluso colocó a algunos miembros en la cárcel para restaurar el control y el mando. Los nuevos líderes pueden aprender algunas lecciones del General Savage y deben implementar medidas para restablecer el orden y la disciplina en toda su escuela. El primer paso debe ser reunirse con todo su personal y líderes de manera individual para conocer a las personas bajo su mando. El siguiente paso debe incluir hablar con todo su grupo e informarles sobre las normas y reglamentos operativos de las instituciones; para incluir la responsabilidad y los deberes de todos y cada uno. El líder debe comenzar a hacer cumplir las reglas y regulaciones de la organización para restaurar la credibilidad en su oficina. En muchos casos, debe comenzar a repartir cartas de advertencia a las personas que infringen o no siguen las reglas y regulaciones de la escuela.

Los líderes pueden implementar muchas formas diferentes de gestión y estilos de liderazgo para administrar su organización. La mayoría de las veces, un líder debe liderar desde el centro o el estilo de liderazgo situacional y adaptarse a la situación en cuestión. En esta situación, muchos de su personal y líderes se resisten al cambio de liderazgo, y se están rebelando en una situación similar a la del General Savage cuando tuvo que lidiar con el resentimiento de su piloto contra él.

La pregunta pregunta si debería transferir. No, debería poder quedarse, y tiene muchos años de experiencia y es muy querido por sus compañeros y puede servir al nuevo líder de muchas maneras. El general Sung Tzu dijo una vez: "mantengan a los amigos cerca y a los enemigos aún más cerca". El nuevo principio debería mantenerlo más cerca de él y hablar con Jesús para resolver cualquier diferencia. Con el tiempo, el personal y los líderes aprenderán a trabajar mejor y respetar al nuevo líder después de la tormenta.

Secretaria de apoyo?

Una vez más, el nuevo líder debe tener una sesión de asesoramiento individual para discutir las responsabilidades de su posición y cualquier otro problema, según sea necesario. Además, el nuevo principio debe hacer requisitos precisos y la importancia de contar con la plena cooperación y el apoyo del personal. Si la secretaria continúa demostrando un desempeño deficiente y desobedece las órdenes, el líder debe comenzar rápidamente los procedimientos de amonestación para corregir el comportamiento dañino.

Estas son técnicas de liderazgo severas, especialmente para las personas que han estado en estas posiciones durante muchos años y solo deben usarse como una última opción para restaurar el control y el mando. Las personas, por naturaleza, resisten el cambio, y un método para cambiar estos comportamientos es pensar en el proceso a lo largo del tiempo y en un proceso como derretir un cubito de hielo. El cubo de hielo comienza como un bloque congelado de manera similar, las personas tienen hábitos formados como un bloque de hielo. Para que ocurra el cambio, el cubo de hielo se ha derretido en agua; Además, un individuo proporciona nuevos procesos y, con el tiempo, se le permite cambiar, y una vez que el individuo aprende nuevos hábitos, los forma nuevamente en el cubo de hielo congelado.

Autoridad para el cambio?

Hay dos tipos de autoridad, ganado y poder de posición. Un líder se esfuerza por ganarse el respeto de su pueblo y solo usa su poder de posición para establecer la ley y el orden. El nuevo líder debe restablecer el comando y el control mientras hace cumplir las normas y reglamentos de la escuela. La clave para el nuevo principio es establecer un informe con su personal y sus líderes a través de la comunicación abierta y el diálogo.

¿Cambios de arriba hacia abajo?

No hay necesidad de hacer cambios adicionales ahora; hacer cambios drásticos en el personal y los líderes podría interrumpir el flujo de eso podría llegar a las personas. Con el tiempo, puede tener sentido brindar al personal y a los líderes oportunidades para rotar dentro de la organización o en una organización diferente. Muchas personas se aburren con su trabajo y sus transferencias, o la rotación de personas les proporciona una nueva perspectiva y la oportunidad de revitalizarse. Parece que el personal y los líderes ya tienen una buena relación de trabajo establecida, y necesitan alentar positivamente sus esfuerzos y, al mismo tiempo, estar informados de sus responsabilidades con las personas y la escuela.

Reglas, regulaciones y procedimientos?

Las organizaciones ya tienen reglas y regulaciones; El problema parece la aplicación de esas reglas. El nuevo principio debe comportarse profesionalmente y tratar a todos de manera justa y respetuosa, teniendo cuidado de no mostrar favoritismo. El nuevo líder debe revisar las reglas y regulaciones e implementar cambios si es necesario con el consenso de la alta gerencia y el personal.

¿Es hora de una reestructuración dramática?

La organización debe estar intacta porque se trata de un grupo profesional de líderes y administradores. ators que tienen muchos años de experiencia. Disfrutaron de su autonomía y se relajaron con muchas de las reglas porque fueron guiados con una supervisión mínima; de ninguna manera, esta es una excelente excusa para romper las regulaciones, y pueden haberse aprovechado de muchas maneras. El nuevo líder debe revertir esta tendencia y hábitos mientras inculca el orden y la disciplina a la organización en todos los niveles.

Participativo, ¿un sueño poco realista?

Para empezar, el viejo líder ya no está aquí, y hay un nuevo líder. El estilo de liderazgo autoritario es más importante actualmente para tirar rápidamente de las riendas y establecer el orden y la disciplina en toda la organización. A medida que las cosas se arreglan, es mucho mejor gobernar desde el centro y proporcionar una actitud positiva y alentadora al personal y a los empleados para facilitar una alta moral. Un líder feliz refleja su estado de ánimo a su gente.

Notas:

¿Qué hacen las buenas instituciones?

Este artículo enfatiza la importancia del carácter y los rasgos significativos vinculados al liderazgo que incluye desinterés, decisión, energía, compromiso, lealtad e integridad. Los buenos líderes tienen estas características de personalidad de estabilidad emocional, entusiasmo, conciencia, dureza y seguridad en sí mismos basados en una base de fe. El autor también analiza la importancia de desarrollar programas para enseñar el carácter en el aula. Además, describe diferentes iniciativas tomadas de varias instituciones y programas que involucran servicio comunitario y otras actividades grupales. Un fuerte carácter moral es lo que los seguidores esperan y buscan en un buen líder.

El carácter es algo que se gana desde una edad temprana, influenciado por la familia, los amigos y las condiciones ambientales.

La mayoría de nosotros nacemos con una mente sana, e intrínsecamente sabemos de lo correcto y lo incorrecto; cuando Mire, todo se reduce a tomar la decisión correcta de conciencia. Es razonable suponer que los rasgos de carácter y personalidad están asociados con el liderazgo, mientras que otros no. Muchas veces, nos enfocamos en los rasgos de carácter y liderazgo asociados con el éxito, pero también es interesante comprender los fracasos del liderazgo. Algunos líderes se olvidan de la meta y se concentran en sí mismos en lugar de en el todo. Los rasgos característicos negativos que pueden afectar el liderazgo consisten en el egoísmo, lo que significa que nos concentramos en nuestras necesidades y no en el bien de los demás. Como líder, ¿elegirá la ruta de menor resistencia o la decisión correcta se basará en los rasgos de integridad, honestidad y coraje en sincronía con las enseñanzas de las Escrituras?

Notas:

Integridad profesional

Si el liderazgo se describe con una palabra, sería "profesional" ser un profesional. Debe estar comprometido con el mejoramiento de la sociedad en general. El profesional describe completamente a un líder al, porque la mayoría de los líderes sirven la mayor parte de su vida adulta en sus puestos al servicio de los demás. Los líderes consideraron a los profesionales a través de sus acciones, como lo demuestran el sacrificio, la devoción y la pasión hacia y el bienestar de sus subordinados.

Los líderes deben poseer los más altos estándares éticos y características personales para ser efectivos en sus actividades cotidianas. Los rasgos de liderazgo profesional consisten en integridad, lealtad, honestidad y un compromiso con el cumplimiento de la misión. Integridad significa estar por encima del reproche con un carácter inquebrantable para mantenerse fiel a la causa. El carácter basado en altos estándares éticos es lo que hace que un líder al sea respetado por sus superiores, compañeros, comunidad y su gente. Los líderes son confiados y sirven como modelos a seguir para su gente. La responsabilidad de educar a las personas correctamente no solo recae en los hombros de los líderes, sino también en los líderes de la comunidad y todos deben ser socios activos para el éxito de su gente.

Durante un ejercicio grupal de grupo de expertos, nuestro grupo estaba formado por individuos con antecedentes variados y profesionales; Lo único que destaca de los miembros del equipo es el personaje. Todos tenían un sentido de profesionalismo sobre ellos, junto con rasgos de liderazgo basados en un alto carácter moral, integridad y honestidad: estos mismos rasgos de liderazgo se mostraron durante todo el proceso de completar la asignación y presentación grupal. Los esfuerzos suaves y cooperativos de todos los miembros del equipo fueron evidentes; ningún miembro del equipo era autoritario o tenía que hacerlo a su manera y esto condujo a la sinergia dentro del grupo. El primer paso del proceso de toma de decisiones del equipo fue la etapa de planificación; el primer día discutimos todo el estudio de caso e investigamos los planes estratégicos de la organización y el entorno laboral y la comunidad. El segundo paso fue identificar los problemas raíz y ofrecer varias soluciones. El tercer paso fue acordar dos criterios y proporcionar planes detallados para la implementación. El paso final fue presentar nuestros hallazgos y permitir un debate y discusión abiertos. Nuestro plan de equipo proporcionó una hoja de ruta para asegurar el ambiente de trabajo al tiempo que enfatizó la retención de líderes calificados.

Profesionales que prestan servicios en cualquier ca pacity tiene la obligación de buscar más y mejorar continuamente la forma en que dirigen y gestionan sus actividades cotidianas y sus vidas. Según la experiencia, el mayor impacto y la forma en que veo y veo el mundo que me rodea sería la experiencia que obtuve mientras servía en la Fuerza Aérea de los EE. UU. Durante más de 20 años de servicio activo. El Dr. W. Edwards Deming, con su filosofía sobre la vida en general, junto con sus famosas teorías de Gestión de la calidad total (14 puntos), proporcionan a un líder una base sólida basada en un proceso cíclico interminable de mejora continua. La segunda herramienta más importante que debe poseer un buen líder es la capacidad de leer a las personas utilizando diversas técnicas de creación de perfiles de personalidad en sus trabajos y sus vidas.

Comprender a su personal y estar al tanto de las capacidades y limitaciones de uno puede determinar el éxito o el fracaso de un líder en muchas circunstancias. Los líderes deben asistir a conferencias y seminarios profesionales si hay tiempo y fondos disponibles. Con las limitaciones financieras actuales, muchas organizaciones están recurriendo a seminarios en línea y programas de capacitación para ahorrar fondos y tiempo.

Junto con los seminarios de capacitación, hay muchos libros y revistas de superación personal que son específicos y pueden encajar en el esquema general de mejorar las capacidades de liderazgo y gestión de un líder. La World Wide Web es una rica fuente de información que proporciona un exceso de información y la capacidad de unirse a organizaciones sociales y profesionales en línea. Hoy todos los líderes tienen acceso a muchos recursos para compartir y colaborar con sus pares profesionales intercambiando ideas y mejores prácticas.

La principal diferencia entre líderes y seguidores es la perspectiva. La principal diferencia entre los líderes es la perspectiva, mientras que tanto los líderes como los seguidores pueden tener un carácter fuerte y pueden poseer cálidas habilidades relacionales. Los líderes y seguidores pueden incluso tener una personalidad fuerte y una voluntad fuerte, y lo que los separa es cómo piensan y perciben la realidad. Debido a que las Escrituras enseñan, todos estamos hechos para gobernar, y todos poseen la capacidad de elevar su nivel de habilidades de liderazgo. Todos pueden mejorar sus habilidades de liderazgo y el enfoque que utilizan para influir en los demás. Sin embargo, debemos comenzar con una perspectiva de liderazgo y ese es el ingrediente principal que hace que el Libro de los Proverbios sea tan profundo. Los proverbios tratan de ganar sabiduría y mejorar continuamente el proceso de pensamiento y hacer las cosas de manera inteligente.

La buena disposición para actuar es lo que deben hacer los buenos líderes; deben tener la confianza en sí mismos para tomar decisiones oportunas. El líder debe comunicar efectivamente la decisión a su gente. El almirante británico Sir Roger Keyes enfatizó que "en todas las operaciones, llega un momento en que se toman decisiones valientes para llevar a cabo una empresa". Por supuesto, la decisión incluye la voluntad de aceptar la responsabilidad. Los líderes siempre son responsables: cuando las cosas van bien y cuando las cosas van mal.

El líder proporciona la planificación estratégica general para la organización al tiempo que promueve la cooperación y el trabajo en equipo con una visión hacia el logro de la misión. Los líderes son responsables de crear el marco mediante el cual el personal y las personas interactúan entre sí para implementar los objetivos dentro de su entorno. Los líderes de las organizaciones deben promover una cultura positiva y enriquecedora que reconozca la excelencia en el entorno laboral.

Leader proporciona la planificación estratégica general de la escuela al tiempo que promueve la cooperación y el trabajo en equipo. Los líderes organizacionales son responsables de crear el marco mediante el cual las personas interactúan entre sí para implementar los objetivos dentro de su entorno. Los líderes deben promover una cultura positiva y enriquecedora que reconozca la excelencia en la enseñanza y el plan de estudios. Muchas profesiones se basan en el trabajo en equipo como ejemplo en el entorno militar. Si el equipo falla, la misión falla. Las personas en el ejército se encuentran en una situación en la que necesitan contribuir a la misión general compartiendo sus conocimientos y experiencia.

Hay muchas situaciones en las que un individuo puede tener más conocimiento sobre un tema, y no está dispuesto a compartir o ayudar a sus compañeros de equipo porque siente una sensación de poder por el conocimiento que posee. El trabajo en equipo y el intercambio de información entre ellos no solo proporcionan una sensación definitiva de saber que ayudó a alguien, sino que también crean un ambiente positivo de intercambio y confianza que se puede utilizar para cumplir la tarea o misión de manera más efectiva y eficiente. Necesitamos buscar formas más inteligentes de ayudar a las personas a trabajar mejor juntas y poner menos énfasis en las inspecciones y evaluaciones.

De acuerdo con el Indicador de estilo de liderazgo de Teal Trust (2001), "Dentro del liderazgo pionero, consideramos a aquellos que están dispuestos a esforzarse y tomar los riesgos apropiados al esforzarse por avanzar para descubrir y alcanzar objetivos a largo plazo. En un contexto religioso, podemos citar Filipenses 3: "olvidando lo que está detrás y stra pensando en lo que se avecina ". Los líderes pioneros son apasionados de la visión y están totalmente comprometidos con ella. Paul es un excelente ejemplo de un líder enfocado en empujar los límites de la iglesia, a pesar del riesgo personal. Los líderes pioneros son más activos en las primeras etapas de una visión o proyecto, entusiasmados al buscar a dónde está llamando Dios. Sin embargo, a medida que pasa el tiempo, pueden perder interés en la implementación de una visión, ansiosos por mirar hacia el próximo desafío ".

"Jesús los reunió y dijo:" Sepa que aquellos que son considerados como gobernantes de los gentiles lo dominan, y sus altos funcionarios ejercen autoridad sobre ellos. No es así con. En cambio, quien quiera ser grande. Debe ser sirviente, y quien quiera ser el primero debe ser esclavo de todos. Porque incluso el Hijo del Hombre no vino para ser servido, sino para servir y para dar su vida en rescate por muchos ". Marcos 10: 42-45. Para ser buenos mayordomos, a quien se puede confiar con muy poco también se le puede confiar mucho, y quien es deshonesto con muy poco también será deshonesto con mucho. Lucas 16:10.

RESPONSABILIDAD SOCIAL

La responsabilidad social significa ser un individuo responsable y respetuoso, demostrando cortesía común hacia los demás al escuchar lo que tienen que decir y guardar silencio mientras hablan. El respeto es una calle de dos vías; Como líder, debe mostrar respeto hacia arriba y hacia abajo en la cadena de mando. La responsabilidad social de un líder debe estar directamente relacionada con la meta y el bien común del equipo. El objetivo era crear un ambiente de colaboración y no confrontación entre el equipo. Todos en el equipo eran profesionales en todos los sentidos.

INTEGRIDAD

El liderazgo consiste en tener integridad y un compromiso total con los más altos estándares éticos personales. Como líder comprobado, sienta que las acciones hablan por sí mismas, y durante este curso, la principal preocupación siempre fue el bienestar de los miembros del equipo. En muchas ocasiones, hable, pero las intenciones son buenas y trate de llegar al punto siendo honesto y veraz con sus comentarios. La integridad, para un buen líder, significa tener una columna vertebral y defender a las personas bajo el mando. Reconocer la importancia de la integridad, y sin ella, todo se pierde; respeto, lealtad y compromiso.

PROFESIONALISMO

Profesionalismo caracterizado por un conjunto de valores y características que describen acciones individuales para el mejoramiento de la sociedad. Los profesionales están sujetos a un conjunto más alto de estándares y deben contribuir con sus esfuerzos al servicio de los demás. Después de servir durante más de 20 años en la Fuerza Aérea de los EE. UU., Puede calificar como profesional, colocando el deber y el país sobre todo. Los miembros del equipo fueron ciudadanos y profesionales sobresalientes que han dedicado la mayor parte de sus vidas al mejoramiento de la sociedad. Agradecido a los miembros del equipo por su compromiso y ayuda para completar el proyecto final del equipo.

Jerarquía de Maslow

La jerarquía de las necesidades sociales de Maslow es una teoría en psicología propuesta por Abraham Maslow en su artículo "Una teoría de la motivación humana" que involucra relaciones basadas en la emoción, por ejemplo, amistad, intimidad y familia de apoyo. Las personas necesitan sentir que pertenecen y son aceptadas dentro de su grupo. Los miembros del equipo deben encontrar formas de trabajar bien juntos y hacerse sentir mutuamente aceptados y parte del equipo.

El sentimiento de aceptación les proporciona confianza, les ayudará a tener más éxito en el logro de su objetivo o tarea y les ayudará a desarrollarse bien en el futuro. La jerarquía de necesidades de Maslow determinada por orden de importancia, que consiste en una pirámide con cinco niveles. La pirámide comienza con el nivel más bajo de necesidades fisiológicas, mientras que el nivel superior está asociado con las necesidades de autorrealización. Las necesidades más altas en esta pirámide jerárquica solo se logran cuando las necesidades más bajas. Cuando el individuo pasa al siguiente nivel superior, el nivel inferior ya no será una prioridad.

La toma de riesgos es parte de un proceso de aprendizaje para un líder; En muchos casos, un líder debe caer para aprender y convertirse en un líder maduro y sabio. Los líderes deben tomar riesgos mientras aplican diferentes enfoques para liderar con mejoras continuas obtenidas por la experiencia en el trato con todo tipo de individuos y situaciones. Los líderes pueden aplicar diferentes estilos de liderazgo para estimular e involucrar a los seguidores para que se enfoquen en los objetivos de la misión. Los líderes deben establecer entornos enriquecedores donde el debate abierto y la toma de riesgos calculada para la mejora del proceso sean aplaudidos y no amonestados.

Están brindando a las personas oportunidades para experimentar y se arriesgan a enseñar lecciones valiosas, lo que podría producir enormes recompensas para la organización y su gente. Las lecciones aprendidas por el trabajo experimental y la toma de riesgos han sido responsables de la mayoría de los avances de la sociedad en tecnología y medicina y otros campos. Las personas aprenden mejor haciendo y resolviendo problemas y comparten ideas e información con otros miembros del equipo.

Las sesiones de lluvia de ideas son una de las herramientas que se pueden utilizar para o ayudar a los equipos a contribuir con sus ideas y teorías para encontrar las mejores soluciones posibles. Todos dentro de un grupo están motivados de diferentes maneras, y depende de un líder motivar y mantener al equipo enfocado en la meta. Los miembros del equipo desarrollan una relación entre ellos, y el líder del equipo tiene la responsabilidad de proporcionar orientación y visión hacia la meta, al tiempo que crea un ambiente de confianza, sentido de pertenencia y propósito.

El clima organizacional, por otro lado, consiste en características internas de comportamiento que distinguen a un grupo de otro y desempeña un papel importante en la influencia del comportamiento de los individuos. El clima de la organización puede describirse por la apertura, la salud y la ciudadanía entre las interacciones de los individuos dentro de todos los niveles de la organización. Los líderes deben ser individuos altamente éticos con estándares más altos de integridad y valores morales. Líderes en una posición de autoridad que tiene efectos duraderos para las personas que lideran.

A medida que los líderes suben la escalera del poder, también lo hacen sus habilidades para tomar decisiones estrechas, con opciones limitadas, excepto para elegir el camino de la justicia o arriesgarlo todo y fracasar. Ser un buen líder significa ser justo y equilibrado en la toma de decisiones al tratar a las personas con el mayor respeto y dignidad. Los líderes exitosos ven las cosas antes que los seguidores; ven más allá de lo que hacen los seguidores, y ven más grande que los seguidores. Si bien los seguidores apenas pueden sentirse capaces de ver y planificar más allá de la próxima semana, los líderes deben pensar, imaginar y planificar bien en el futuro.

La civilización humana ha llegado a la encrucijada; Las máquinas han tomado la sobreproducción en muchos sectores de fabricación, superando en mil veces la capacidad humana. Las máquinas están produciendo una abundancia nunca antes vista; Con esta tendencia, la fuerza laboral humana disminuirá rápidamente en breve. Las leyes de oferta y demanda en economía enseñan, a medida que la producción aumenta, la demanda disminuye y los precios caen; con escasez, la demanda aumenta y los precios aumentan.

Los fabricantes controlan el sistema y pueden manipular deliberadamente los números y la calidad como mejor les parezca. Los fabricantes producen productos inferiores como un esquema para generar ingresos continuos a medida que las piezas se rompen y necesitan reemplazo. El problema con nuestro sistema actual es que las corporaciones están preocupadas por sus ganancias y márgenes de ganancias; esto está sucediendo frente a nuestros ojos, todo lo que tiene que hacer es mirar a su alrededor, y cada industria está reduciendo costos al eliminar el trabajo humano y reemplazarlos con máquinas; por ejemplo, la industria automotriz está casi completamente automatizada.

Estamos en una etapa de la historia humana para una nueva filosofía, un enfoque nuevo y diferente en la distribución de los recursos necesarios para mantener la vida y mantener el equilibrio en la sociedad. El enfoque en temas relacionados con la efectividad de nuestro sistema y todos los actores involucrados en ese proceso. El sistema desafió como nunca a ser más eficiente y productivo para satisfacer las demandas del mercado y las necesidades futuras. Las fuerzas entre políticos, sociales y líderes parecen estar tirando en todas direcciones; la clave es unir a todos para crear el mejor sistema posible al que estamos tratando de ayudar, nuestra gente.

El objetivo es examinar la relevancia de los estudios bíblicos en la sociedad dominante y la política en relación con una crisis local y global. El objetivo es descubrir cómo implementar la antigua filosofía bíblica en el nuevo pensamiento contemporáneo y la ideología de la fe actual en su relación con los gobiernos locales y globales junto con el mercado empresarial. Un debate bíblico en entornos profesionales brinda la oportunidad de un análisis inteligente y un debate abierto de las Escrituras, ofreciendo un diálogo interdisciplinario entre eruditos bíblicos, filósofos y expertos.

La civilización humana ha llegado a la encrucijada; Las máquinas han tomado la sobreproducción en muchos sectores de fabricación, superando en mil veces la capacidad humana. La tecnología es responsable de la producción de una abundancia nunca antes vista; Con esta tendencia, la fuerza laboral humana ha disminuido rápidamente, y la visión general histórica del estudio bíblico puede cruzar y establecer una presencia en el proceso de toma de decisiones con respecto a cuestiones locales y globales. La integración de las Escrituras tiene como objetivo encontrar formas de cerrar la brecha entre la filosofía religiosa relevante y el pensamiento y la metodología contemporáneos para abordar la crisis en la sociedad global de hoy.

En las últimas décadas, ha habido una creciente preocupación por el establecimiento de un diálogo interdisciplinario más sostenido entre los eruditos bíblicos y los filósofos de muchas disciplinas. Como con cualquier movimiento, y especialmente estableciendo una presencia bíblica en la sociedad, se encontrará con la resistencia de filósofos, eruditos y figuras políticas para mantener la fortaleza de la separación entre la iglesia y el estado. Cualquiera que sea la mezcla, los líderes religiosos deben mantenerse en curso en la difusión de los evangelios mientras demuestran una aplicación.

Reciación por la doctrina y filosofía religiosa fundamental. Es evidente que los líderes mundiales no son capaces de encontrar soluciones duraderas a la crisis global que enfrenta la civilización humana, las soluciones correctas parecen apuntar hacia las Palabras de Dios. ¿Será capaz el hombre de desviar la catástrofe bíblica épica o continuar el camino de un mundo impío y la autodestrucción?

Notas:

Arte de liderazgo, influencia y empoderamiento

Los líderes deben esforzarse por alcanzar estándares personales y profesionales más significativos con las más altas características éticas y morales. Los líderes tocan la vida de muchos, y para esto, deben ser pensadores sabios con una visión hacia el futuro, liderando con una visión mundana bajo la dirección de Dios. Los buenos líderes demuestran una fuerte fe en Dios y siempre buscan su guía para crear un ambiente de experiencia espiritual y gratificante para las personas que lideran. Este trabajo de investigación investiga las características y estándares éticos requeridos de todos los líderes, en relación con la integridad, la lealtad, el desinterés y la decisión. Además de las características éticas estables, se requiere que los líderes exitosos posean la capacidad de influir, motivar, educar y desarrollar el trabajo en equipo, todo al mismo tiempo que sean un comunicador efectivo. Los líderes deben desafiarse a sí mismos para ser los mejores líderes que puedan ser a la vez que sean modelos positivos a seguir demostrando liderazgo en acción basado en la fe, la integridad y la obligación moral de mejorar a las personas bajo su mando.

Visión

Platón dijo una vez: "Los ojos del alma de las multitudes no pueden soportar la visión de lo divino". Los líderes exitosos continuamente necesitan buscar la verdad mientras obtienen conocimiento diariamente para asegurar y crear un ambiente de experiencia espiritual y gratificante. para las personas que lideran, ahora y en el futuro. Leader proporciona la planificación estratégica general de la escuela al tiempo que promueve la cooperación y el trabajo en equipo con una visión hacia el logro de la misión. La ley de navegación enseña a los líderes a integrar la sabiduría en los motivos de la toma de decisiones para el presente con una visión hacia el futuro. Los líderes escolares son responsables de crear el marco mediante el cual el personal, el profesorado y las personas interactúan entre sí para implementar las metas dentro de su entorno. Los líderes deben promover una cultura positiva y enriquecedora que reconozca la excelencia en el cumplimiento de la misión.

Salomón dijo: "no controlamos el momento de la mayoría de los eventos; lo mejor que podemos hacer es reconocer el tiempo "(Eclesiastés 3: 1-8). El mundo se mueve y cambia continuamente a un ritmo rápido; se necesitan iniciativas audaces para enfrentar los desafíos de hoy y del futuro. El estudio continuo y la experimentación del cerebro es la clave para descubrir el misterio que algún día nos proporcionará mejores ideas y métodos que debemos tomar para maximizar nuestra creatividad e individualidad. El sistema debe enfatizar la importancia de la ciencia, junto con el papel y el equilibrio de la fe. Todos nacemos con un potencial ilimitado desde el primer día de nacimiento; El desafío es derribar barreras y muros que la sociedad coloca artificialmente. Dios nos ha dado un potencial increíble de nuestro cerebro que nos puede llevar a donde quiera que la imaginación de un individuo quiera ir. ¡Los límites son ilimitados!

Los buenos líderes no solo se adaptan a la situación, sino que también aplican diferentes estilos de liderazgo para cumplir con sus tareas o misiones diarias. Como se indica en Proverbios, los buenos líderes siempre tienen un plan para hoy y una visión para mañana. Los líderes también deben ser planificadores útiles con una visión para satisfacer las necesidades futuras. Los líderes afectan la vida de muchas personas y, por esta razón, deben ser pensadores que siempre piensen y planifiquen. Si bien el liderazgo requiere actividades cotidianas, es importante planificar no solo para hoy, sino también con una visión visionaria para el mañana.

Influencia

El liderazgo se considera un arte de poder influir y dirigir a las personas para cumplir la tarea o misión. El liderazgo efectivo depende de dos conceptos fundamentales; ser capaz de cuidar a las personas, porque se necesitan personas para cumplir la tarea o misión. Los líderes espirituales alaban a la autoridad superior de Dios, porque Él es quien hace que todo sea posible. Dios proporciona a los líderes la capacidad natural de influir en su pueblo, con la sabiduría obtenida a través de la experiencia y una búsqueda interminable de la verdad. Los Proverbios 18:21 dicen que el liderazgo es la ley de influencia y la evolución de las habilidades de liderazgo. Los líderes exitosos parecen ser capaces de influir en las personas bajo su mando para ir más allá de sus habilidades esperadas. Los líderes exitosos poseen una gran energía, integridad y ambición para tener éxito al tiempo que muestran sinceridad y cuidado por las personas bajo su mando. Los líderes experimentados no pueden cumplir la misión solos y necesitan el apoyo de su gente para tener éxito.

Según Proverbios 10: 6-32, "La ley de influencia debe tener una habilidad ul lengua Muchos versículos en Proverbios hablan de la lengua y cómo usarla como una influencia positiva. Los líderes que usan palabras con habilidad aumentan su influencia ". Todos los líderes deben ser conscientes de cuándo deben hablar y guardar silencio para mantener la tranquilidad y la paz alrededor de las personas. La ley de influencia proporciona a los líderes la capacidad de tener una lengua hábil. Los buenos líderes, que desarrollan hábilmente el uso de las palabras, a su vez, aumentan su capacidad de influir en sus seguidores.

En palabras de Proverbios 17: 2, "Es mejor ser un esclavo sabio que un hijo tonto". Los líderes sabios se dan cuenta de que el poder no proviene de su posición, sino de la capacidad de usar las reglas del empoderamiento. Una responsabilidad importante de un líder es preparar a las personas bajo su mando, para poder intervenir y hacerse cargo del proyecto o misión en cualquier momento. Para desarrollar completamente a su gente, los líderes deben delegar responsabilidades y capacitar a su gente para pensar y actuar por su cuenta. Al empoderar a las personas, los líderes están, de hecho, distribuyendo la carga de trabajo y permitiendo la cooperación mientras hacen que los miembros del equipo sientan que son una parte esencial e intrincada del proceso para completar la misión general.

Ética y poder

El fenómeno de todo liderazgo tiene que ver con el poder, y la ética tiene que ver con el uso apropiado o mal uso del poder. El crecimiento o la desintegración de la fibra ética de cada persona es el centro desde el cual ejerce este poder. Los seis aspectos del poder del oficio son inspiradores, carismáticos, expertos, persuasivos, de conocimiento y poder coercitivo. Los líderes tienen el poder legítimo que les confieren las agencias estatales y del distrito. El poder referencial es otra forma de poder cuando el líder se identifica con su gente bajo su mando. El poder experto, por ejemplo, lo obtienen personas con conocimientos o habilidades especializadas y estos expertos desempeñan un papel fundamental en el funcionamiento de una organización. El poder coercitivo es también una forma de poder poco ético que a veces se usa para castigar o mantener el control usando estrategias dañinas y manipuladoras. El poder y la influencia van de la mano, mientras que los buenos líderes eligen el camino de la justicia. Los líderes piadosos siguen siendo éticos y utilizan su posición para influir en las personas hacia el bien de muchos, al mismo tiempo que cumplen con los objetivos de la organización. La clave para ser un líder activo y ético es poner la fe a la vanguardia y al mismo tiempo adaptarse al uso del nivel de autoridad apropiado requerido para adaptarse a la situación o la tarea en cuestión.

Los sacerdotes hebreos del Sanedrín presentaron cargos, por nada más que por la palabra hablada de Jesús y lo acusaron de blasfemia. Los sacerdotes no tenían la autoridad para matar a Jesús, por lo que recurrieron a Poncio Pilato. Piloto del gobernador romano en Judea encontró a Jesús inocente; Conmovidos sacerdotes, dejó que los ciudadanos eligieran su destino. Si bien las Escrituras nos enseñan a mostrar apoyo a nuestros líderes electos, la pregunta sigue siendo ¿qué se supone que deben hacer las personas cuando sus líderes elegidos no son éticos y abusan de su poder? Proverbios 21: 1 dice: "Al igual que los ríos de agua, lo gira donde quiere". Los líderes sabios y éticos se dan cuenta de que, aunque están en una posición de poder, en el fondo, saben las diferencias entre estar a cargo y estar fuera de control.

Notas:

Características de liderazgo

Los líderes exitosos tienen características distintivas específicas que los separan del resto del grupo. Se espera que los líderes sean honestos y veraces, con la combinación correcta de características y rasgos. Los proverbios nos enseñan primero acerca de cómo llevar nuestras propias vidas y luego la forma en que debemos guiar a los demás. La capacidad de los buenos líderes para tomar decisiones acertadas es lo que separa a los grandes líderes de sus pares mientras se gana el respeto de sus seguidores.

Integridad

La integridad es un compromiso total con las más altas características personales y profesionalismo con estándares éticos. Los líderes primero deben ser honestos y veraces en todo lo que hacen o las personas con las que contactan. Integridad significa establecer un conjunto de valores personales y no comprometer la posición o las personas bajo su mando. El ex Jefe de Estado Mayor de la Fuerza Aérea, general Charles Gabriel, dijo: "La integridad es la premisa fundamental del servicio militar en una sociedad libre. Sin integridad, los pilares morales de nuestra fuerza militar, confianza pública y autoestima se pierden ". Los proverbios enseñan los principios rectores fundamentales del liderazgo, enfatizando la importancia de la integridad y el valor.

Los grandes líderes parecen estar por encima de cualquier reproche y se compromete una voluntad involuntaria y la capacidad de mantenerse fieles a sus valores. Lo que separa a los líderes, los buenos líderes saben la importancia de la integridad, y sin ella, pueden perder el respeto de sus seguidores y superiores. Las Escrituras enseñan que cada uno de nosotros puede ser un buen líder, al tener una base sólida basada en la integridad, una fuerte voluntad para tener éxito, la actitud correcta y el impulso para mejorar continuamente grandes habilidades de liderazgo pueden ser logrado. El Libro de Proverbios es un mapa de ruta para que los líderes lo usen para mejorar su sabiduría y forjar fuertes valores morales basados en la integridad y mantenerse fieles a la Palabra de Dios.

El carácter está en el centro de un líder al; Los líderes deben tener altos estándares de carácter moral con rasgos de integridad, desinterés y luchar por la excelencia en lo que hacen. A los líderes se les confía la enseñanza y la influencia sobre su gente, y la enseñanza no es solo un trabajo sino una profesión crítica que tiene efectos duraderos en los alumnos. La responsabilidad no solo recae en los líderes, sino también en los padres y los líderes de la comunidad; todos deben ser socios activos en ser modelos positivos y demostrar rasgos de liderazgo firmes. Una de las razones críticas por las que cayó el Imperio Romano es porque la integridad y la moralidad en todos los aspectos de la sociedad estaban comprometidas. El profesionalismo se caracteriza por la integridad para servir a la sociedad y anteponer el servicio a uno mismo. Las recompensas y todo el líder provienen de saber que hicieron una diferencia positiva en las personas que los rodean.

Proverbios 22: 6 proporciona lecciones valiosas para los padres sobre cómo ser amables y justos líderes para su gente. Los líderes y especialmente los padres juegan un papel crucial en el desarrollo del niño, y todo comienza con el desarrollo del carácter y al proporcionar la disciplina adecuada. Un niño al que no se le han enseñado los principios básicos del buen carácter y disciplinado en una parte temprana de sus vidas probablemente tendrá deficiencias en estas áreas hasta la edad adulta. La disciplina es el componente básico de la creación de individuos con alta integridad y valores morales. Sin disciplina, todo se pierde, especialmente en las personas; necesitan una educación estructurada que incluya aliento y modelos positivos a seguir.

Decisión

La buena disposición para actuar es lo que deben hacer los buenos líderes; deben tener la confianza en sí mismos para tomar decisiones oportunas. El líder debe comunicar efectivamente la decisión a su gente. El almirante británico Sir Roger Keyes enfatizó que "en todas las operaciones, llega un momento en que las decisiones valientes tienen que llevarse a cabo en una empresa". Por supuesto, la decisión incluye la voluntad de aceptar la responsabilidad. Los líderes siempre son responsables: cuando las cosas van bien y cuando las cosas van mal.

La ley de navegación nos enseña a verificar la fuente de la sabiduría y los motivos mientras verificamos los resultados. El líder proporciona la planificación estratégica general para la escuela al tiempo que promueve la cooperación y el trabajo en equipo con una visión hacia el logro de la misión. Los líderes escolares son responsables de crear el marco mediante el cual el personal, el profesorado y las personas interactúan entre sí para implementar las metas dentro de su entorno. Los líderes deben promover una

cultura positiva y enriquecedora que reconozca la
excelencia en la enseñanza y el plan de estudios.

Desinterés

Los buenos líderes sacrifican las necesidades personales
por la causa más importante de la mayoría mientras
aseguran el cumplimiento de la misión. El general Douglas
MacArthur dijo: "Ninguna acción puede confiar con
seguridad su honor marcial a los líderes que no mantienen
el código universal que distingue las cosas que están bien y
las que están mal". Se requiere coraje y fortaleza de
carácter para enfrentar situaciones difíciles. , y los grandes
líderes enfrentan las situaciones difíciles de frente en lugar
de evitarlas o pasarlas a otros.

El Rey Salomón emite una advertencia sobre la autoridad y
el carácter de un líder: "Cuando los líderes intentan ejercer
la autoridad sin el corazón de un sirviente, eventualmente
se lastiman. Los líderes agregan valor al servir a los demás
"Eclesiastés 8: 1-9. Los líderes deben ser individuos de
fuerte carácter y fe, al mismo tiempo que ponen a Dios y a
las personas por encima de sus ambiciones e intereses. Los
líderes deben esforzarse por mantener con seguridad en sus
corazones y almas su servidumbre a la autoridad superior
de Dios. Los líderes no deben ser engreídos y venosos
porque, así como uno se eleva a la cima, pueden caer
rápidamente; "El Señor da y el Señor quita" (Job 1:21). Los
líderes pueden liderar sin liderar, y pueden ser modelos
silenciosos y positivos a la vez que se dan cuenta de sus
limitaciones y reconocen el orden superior del plan maestro
de Dios.

Blackaby (2006) proporcionó una historia de desinterés cuando el evangelista conocido como tío Vasser exclamó: "¡Qué contento estoy de ver al hombre que Dios ha usado para ganar tantas almas para Cristo!" En respuesta, Moody se agachó y recogió un Puñado de tierra. Mientras dejaba que el polvo cayera entre sus dedos, confesó: "No hay nada más que eso para D.L. ¡Moody, excepto cuando Dios lo usa! "Moody acepta su papel de sirviente ante Él con Dios como su fuente suprema de sabiduría.

No importa cuánto talento o habilidades posea, no se compara con el poder del Señor, porque Él es responsable de todo. La mayoría de los líderes inseguros enmascaran su incompetencia con un comportamiento descarado y abrumador, pero en el fondo, son ovejas perdidas frente a Dios. Los líderes sabios se dan cuenta de esto y no aceptan responsabilidades por su éxito y siempre dan Es para su pueblo y para Dios. Recientemente, mientras miraban un evento deportivo de combate, una cosa que sobresalió mucho después de la pelea fue que los competidores agradecen a Dios por todos sus logros primero. A pesar de la fama, Dios puede dar. Es esencial agradecerle mientras mira hacia Él por sabiduría y Su gran plan para la existencia.

Según Maxwell, "los líderes deben responder a las personas en función de sus necesidades y no de sus fallas. Proverbios 25-21-22 nos alienta a ver lo que otros necesitan, incluso a nuestros enemigos, y a responder en consecuencia ". Las personas en cualquier posición de autoridad necesitan tener una amplitud y experiencia en el trato con las personas. Dios le ha dado a todos una conciencia individual y diferentes personalidades, buenos líderes, darse cuenta de esto y adaptar su estilo de liderazgo en función de la situación. Los líderes, por ejemplo, pueden querer incorporar un enfoque de enseñanza más directo con su gente. En los niveles superiores de, un profesor puede ser prudente en usar un estilo de liderazgo más justo o participativo para acomodar a las personas más avanzadas.

Notas:

Principios de liderazgo

Los proverbios enseñan a los líderes principios valiosos sobre el comportamiento ético junto con pautas para desarrollar habilidades prácticas de liderazgo, carácter y valores basados en una fuerte fe en Dios. Los proverbios proporcionan a los líderes una base moral para liderar con sabiduría e intelecto de un nivel superior. A medida que los líderes suben la escalera del poder, también lo hacen sus habilidades para tomar decisiones estrechas, con opciones limitadas, excepto para elegir el camino de la justicia o arriesgarlo todo y fracasar. Ser un buen líder significa ser justo y equilibrado en la toma de decisiones y tratar a las personas con el mayor respeto y dignidad. Los líderes exitosos ven las cosas antes que los seguidores; ven más allá de lo que hacen los seguidores, y ven más grande que los seguidores. Si bien los seguidores apenas pueden sentirse capaces de ver y planificar más allá de la próxima semana, los líderes deben pensar, imaginar y planificar bien en el futuro.

Motivación

El desafío más importante es motivar a los subordinados para lograr los altos estándares establecidos para ellos. La motivación es la clave para un liderazgo exitoso. La motivación es la fuerza motriz detrás del liderazgo exitoso. La capacidad de generar entusiasmo sobre la misión puede ser el factor más crítico en el liderazgo. El reconocimiento de los esfuerzos que realizan las personas es una forma decisiva en la que la motivación hacia el logro de la misión paga dividendos. El líder que aplaude públicamente los esfuerzos del personal de la unidad construye una organización coherente, que cumplirá la misión.

Cada persona tiene un estilo de personalidad diferente con variadas habilidades de aprendizaje y desarrollo. Estas diferencias individuales vienen en forma de inteligencia y creatividad; Cada uno de nosotros tiene una capacidad diferente para procesar información y cómo nos relacionamos entre nosotros. La motivación y la actitud determinan el éxito; Es un estado mental interno que nos guía hacia mayores logros y metas. Salomón dice: "observa a una persona en una variedad de contextos, y nada parece satisfacerla" (Eclesiastés 4: 1-8). Los líderes exitosos encuentran formas de motivar a las personas capturando su nivel de interés y construyendo su confianza, además de permitirles la libertad de expresarse.

La motivación intrínseca proviene de factores internos que están dentro y pueden ser controlados por el esfuerzo y la dedicación a la meta o tarea colocada por el individuo. Por otro lado, las motivaciones extrínsecas son factores externos que vienen en forma de recompensas y castigos que están fuera del control individual.

Estas técnicas de motivación son solo parte de las herramientas necesarias para el liderazgo y la gestión ineficaces de cualquier situación o posición de mando. Las personas en una posición de autoridad necesitan tener una amplitud y experiencia en las áreas de liderazgo, administración y psicología, especialmente en la tipificación de la personalidad. Todos tenemos diferentes personalidades, y los líderes más efectivos se dan cuenta de esto y cambian su estilo de liderazgo para adaptarse a la situación. Por ejemplo, cuando. Tener nuevos aprendices con un poco de experiencia, un enfoque más directo, mientras que las profesiones altamente capacitadas requieren un estilo democrático sería una mejor opción.

Según el Rey Salomón, mientras observaba a las personas, notó lo siguiente sobre lo que los motiva: "Necesitan consuelo y satisfacción, realización y triunfo, y consumo y codicia". Hay mucho más en el liderazgo de lo que parece; Se necesitan muchos años de experiencia para desarrollar el concepto de persona completa de ser un líder activo y comprensivo en la comprensión de lo que hace que las personas funcionen. Una de las herramientas de administración más efectivas que un líder puede usar es el tipeo de personalidad; Estas teorías no solo hacen que un líder entienda mejor a las personas, sino que también hace que un líder aprenda más sobre sí mismo, y esa es la clave para que un liderazgo efectivo sea conocerse a sí mismo.

Los líderes ayudan a fomentar el crecimiento al insistir en que su gente se mantenga enfocada y atenta a las conferencias y proyectos escolares. Para que las personas estén motivadas y sobresalgan En la escuela, los líderes deben crear un ambiente desafiante y positivo para el éxito. A las personas se les debe permitir la libertad y la independencia para ser ellas mismas y mantenerse motivadas y tener una idea de la experiencia positiva que pueden reflejar en la vida adulta. El papel de los líderes para fomentar el crecimiento y el potencial de los estudiantes es identificar sus debilidades y fortalezas mientras buscan oportunidades y enfoques de mejora. Asegúrate de que las personas progresen de manera permanente y positiva mientras les das objetivos e inspiración para intentar y hacer lo mejor posible. El papel de los líderes se trata de alentar a las personas a establecer altos estándares para sí mismas. Las personas necesitan saber qué se espera, y se les debe dar la libertad para cometer algunos errores para que aprendan y maduren.

Seguidores

La principal diferencia entre líderes y seguidores es la perspectiva. La principal diferencia entre los líderes es la perspectiva, mientras que tanto los líderes como los seguidores pueden tener un carácter fuerte y pueden poseer cálidas habilidades relacionales. Los líderes y seguidores pueden incluso tener una personalidad fuerte y una voluntad fuerte, y lo que los separa es cómo piensan y perciben la realidad. Debido a que las Escrituras enseñan, todos estamos hechos para gobernar, y todos poseen la capacidad de elevar su nivel de habilidades de liderazgo. Todos pueden mejorar sus habilidades de liderazgo y el enfoque que utilizan para influir en los demás. Sin embargo, debemos comenzar con una perspectiva de liderazgo y ese es el ingrediente principal que hace que el Libro de los Proverbios sea tan profundo. Los proverbios tratan de ganar sabiduría y mejorar continuamente el proceso de pensamiento y hacer las cosas de manera inteligente.

Profesionalismo

La palabra "profesional" debe inspirar a los líderes actuales y potenciales que sirven a la comunidad y a las personas, con este estado viene la responsabilidad. Los líderes juegan un papel esencial en el desarrollo y crecimiento de las personas con efectos duraderos en la edad adulta. Además, profesionalismo a través de la investigación continua, estudio y experiencia en liderazgo; El papel de los líderes parece encajar firmemente en esta categoría profesional. La profesionalidad se caracteriza por servir a la sociedad y anteponer el servicio a uno mismo; Las recompensas de la enseñanza provienen del conocimiento de saber que usted hizo una diferencia positiva en la vida de alguien. Cada líder tiene la obligación de que su gente sea lo mejor que pueda ser. Los líderes deben tener altos estándares y valores morales con rasgos de liderazgo de integridad, desinterés y luchar por la excelencia en lo que hacen continuamente.

A los líderes se les confía la enseñanza e influencia de nuestra gente, y no es solo un trabajo sino una profesión crítica que tiene efectos duraderos. Teniendo en cuenta las demandas impuestas a los líderes, los líderes de la sociedad y la comunidad deben reconocerlos y recompensarlos por su servicio y profesionalismo. La responsabilidad recae no solo en los líderes sino también en los padres, y deben ser socios activos en

Comunicación

El ex jefe de gabinete de la Fuerza Aérea, general Thomas D. White, creía: "La información es el vínculo esencial entre el liderazgo sabio y la acción decidida". Es el trabajo del líder mantener abiertos todos los canales de comunicación. Cuanto más alto se vuelve un líder, más habilidades de escucha necesitan. Según Proverbios 10: 6-32, "La ley de influencia debe tener una lengua hábil. Varios versículos en Proverbios hablan de la lengua y cómo usarla como una influencia positiva. Los líderes que usan palabras con habilidad aumentan su influencia ". Los líderes deben ser conscientes de cuándo deben permanecer en silencio y cuándo hablar con la verdad para mantener la tranquilidad y la paz en torno a la influencia de su investigación y trabajo.

Los líderes deben tener especial cuidado al escribir sobre la religión y las diferencias culturales que existen en el mundo, y es su responsabilidad tener en cuenta la reacción si escriben sobre temas de investigación controvertidos. La ley de influencia demuestra la necesidad de que un líder exitoso tenga una lengua hábil. Los líderes que usan palabras con habilidad aumentan su influencia y entienden la importancia y el poder de sus palabras. ¿Cuál de las siguientes opciones describe mejor el uso justo de los labios? Los labios de los justos producen sabiduría, y saben lo que es aceptable mientras entienden los labios del wicket como perversos.

Según Maxwell, "Dios con razón espera que los líderes manejen los conflictos dentro de su organización". Proverbios 15: 1-7 proporciona lecciones valiosas para que los líderes dominen sus habilidades de comunicación y, a su vez, estarán mejor preparados para manejar los conflictos en su trabajo diario. . La comunicación es el salvavidas de una organización; determina qué tan bien las personas interactúan y trabajan entre sí. Cuando se cortan las líneas de comunicación, las organizaciones luchan y eventualmente no logran cumplir sus objetivos o cumplir su misión. La clave para una comunicación exitosa es darse cuenta de la importancia de identificar varias formas de comunicación y su aplicación para ajustarse a la situación o lugar al aplicarlas. total y sabiamente

El general del ejército Douglas MacArthur observó: "En ninguna otra profesión las penas por emplear personal no capacitado son tan atroces o tan irrevocables como en el ejército". Las personas en cualquier posición de autoridad deben tener una amplia y experiencia en las áreas de liderazgo y manejo junto con entrenamiento en psicología, especialmente mecanografía de personalidad. Todos tenemos diferentes personalidades, y los líderes más efectivos se dan cuenta de esto y cambian su estilo de liderazgo según la situación.

Por ejemplo, cuando tener nuevos aprendices sin experiencia puede querer usar un enfoque más directo, mientras que una mezcla de individuos requiere un estilo democrático. Cuando se enfrenta a personas altamente experimentadas, un estilo justo más holgado sería mejor. El problema con muchas instituciones es que rápidamente culpan al individuo y no miran su sistema y procesos; la mayoría de la gente quiere hacer un buen trabajo pero cuando el sistema no funciona bien; Los esfuerzos de los individuos solo llegarán muy lejos y eventualmente tendrán dificultades para tener éxito y tal vez la configuración fracase.

Platón creía que deberían usarse para plantar la semilla, la sed del conocimiento para tener gobernantes y líderes sabios y capaces. Los líderes deben tener muchos años de experiencia en los ámbitos físico y mental para que sean líderes justos y éticos. Platón describe el mundo en dos dimensiones de los reinos visibles e internos que consisten en los sentidos individuales del mundo que nos rodea y nuestra alma interior o conciencia. Platón continúa con el argumento de que la justicia en los procesos de pensamiento racional y educado representados por buenos gobernantes e individuos dentro de una sociedad. También describe lo contrario por dictadores irracionales que gobiernan no por lógica sino por ganancias e intereses personales, dejando de lado las necesidades de la gente. La conclusión es que la justicia y la bondad producen alimento para las almas de los individuos, y los gobernantes por hacer lo contrario producen enfermedades dentro del individuo y producen odio y destrucción dentro de las sociedades.

Trabajo en equipo

La jerarquía de necesidades sociales de Maslow implica relaciones basadas en la emoción, amistad, intimidad y una familia de apoyo. Las personas necesitan sentir que pertenecen y que pertenecen a su grupo. Los líderes proporcionan la base para hacer que las personas se sientan aceptadas y parte del equipo. El sentimiento de aceptación proporciona confianza en el futuro.

Brindar a las personas oportunidades para asumir riesgos les enseña lecciones valiosas en el sentido de que, en muchas situaciones, no podrán tener éxito, pero con un esfuerzo adicional y una actitud positiva, eventualmente tendrán éxito. Los líderes deben proporcionar un entorno en el que las personas aprendan por sus errores y que sea aceptable repetir un tema muchas veces hasta que se complete. La repetición es una forma excelente para que las personas perfeccionen sus habilidades sin temor al fracaso y al castigo. Las lecciones aprendidas mediante la toma de riesgos ayudan a los adolescentes a desarrollar la confianza en la edad adulta y a darse cuenta de que no todo se logra sin el trabajo duro.

La jerarquía de las necesidades sociales de Maslow es una teoría en psicología propuesta por Abraham Maslow en su artículo "Una teoría de la motivación humana" que involucra relaciones basadas en la emoción, por ejemplo, amistad, intimidad y familia de apoyo. Las personas necesitan sentir que pertenecen a su grupo. Los miembros del equipo deben encontrar formas de trabajar bien juntos y hacerse sentir mutuamente aceptados y parte del equipo. El sentimiento de aceptación les proporciona confianza, les ayudará a tener más éxito en el logro de su objetivo o tarea y les ayudará a desarrollarse bien en el futuro.

La jerarquía de necesidades de Maslow se logra mediante un orden de importancia progresivo y lógico, que consiste en una pirámide con cinco niveles. La pirámide comienza con el nivel más bajo de necesidades fisiológicas, mientras que el nivel superior está asociado con las necesidades de autorrealización. Las necesidades más altas en esta pirámide jerárquica solo se logran cuando se satisfacen las necesidades más bajas cuando el individuo se mueve al siguiente nivel más alto, el nivel más bajo ya no será una prioridad.

Leader proporciona la planificación estratégica general de la escuela al tiempo que promueve la cooperación y el trabajo en equipo. Los líderes de la organización son responsables de crear el marco para las personas y cómo interactúan entre sí para implementar las metas dentro de su entorno de trabajo. Los líderes deben promover una cultura positiva y enriquecedora que reconozca la excelencia. Muchas profesiones se basan en el trabajo en equipo como ejemplo en el entorno militar. Si el equipo falla, la misión también falla. Las personas en el ejército contribuyen a la misión general al compartir sus conocimientos y experiencia.

Hay muchas situaciones en las que un individuo puede tener más conocimiento sobre un tema, y no está dispuesto a compartir o ayudar a sus compañeros de equipo porque siente una sensación de poder por el conocimiento que posee. El trabajo en equipo y el intercambio de información entre ellos no solo le brindan una sensación positiva de saberlo. Ayudó a alguien, pero también crea un ambiente positivo.

Mente de compartir y confiar que puede usarse para cumplir la tarea o misión de manera más efectiva y eficiente. Necesitamos buscar formas más inteligentes de ayudar a las personas a trabajar mejor juntas y no poner mucho énfasis en las inspecciones y evaluaciones.

La asunción de riesgos ayuda a un alumno a aprender de manera más eficiente y desempeña un papel importante en su avance hacia la siguiente etapa de desarrollo. Además, los líderes también deben asumir riesgos al aplicar diferentes enfoques de enseñanza con mejoras continuas obtenidas por la experiencia en el trato con todo tipo de personas y situaciones. La aplicación de diferentes técnicas de enseñanza en el aula estimula e involucra la disposición de las personas para aprender. Además, la integración de la tecnología en el aula es crucial en el desarrollo del estudiante; Con los rápidos avances en ciencia y tecnología, las personas necesitan mantenerse al día para prepararse para el lugar de trabajo.

Brindar a las personas oportunidades para practicar les enseña lecciones valiosas que podrían usar en situaciones similares a medida que surjan. Los equipos necesitan un entorno en el que puedan simular situaciones de la vida real y puedan aprender de sus errores y poder repetir un tema muchas veces hasta que se sientan cómodos y lo hagan bien. La repetición es una forma excelente para que las personas perfeccionen sus habilidades sin temor al fracaso y al castigo. Las lecciones aprendidas mediante el trabajo experimental mientras se trabaja en equipo ayudan a las personas a generar confianza y a darse cuenta de que todo lo aprendido con esfuerzo y la actitud correcta.

Las personas aprenden mejor haciendo y resolviendo problemas mientras que, al mismo tiempo, es esencial que desempeñen un papel activo en su aprendizaje. También es útil que las personas trabajen en grupos pequeños y compartan ideas e información a través de debates abiertos. Las sesiones de lluvia de ideas son una de las herramientas que pueden utilizarse para ayudar a las personas a involucrarse y las motiva a contribuir con sus ideas y teorías para encontrar las mejores soluciones posibles. Cada estudiante en un grupo motivado de diferentes maneras, pero la mayoría de las veces, el entusiasmo y la organización del equipo determinan el éxito y la participación de cada miembro del equipo. Los miembros del equipo desarrollan una relación entre ellos, y el líder del equipo tiene la responsabilidad de proporcionar orientación y visión hacia la meta, al tiempo que crea un ambiente de confianza, sentido de pertenencia y propósito.

Conocerse

Conocer una fortaleza y debilidades propias es fundamental para un liderazgo efectivo. El líder debe ser capaz de reconocer sus capacidades y limitaciones. El ex sargento mayor jefe de la Fuerza Aérea, Robert D. Gaylor, lo expresó de esta manera: "Claro, todos quieren ser un líder efectivo, ya sea en la Fuerza Aérea o en la comunidad. ¿Se pueden identificar fortalezas, capitalizarlas y esforzarse conscientemente por reducir y minimizar los tiempos que aplican el estilo de manera inapropiada?

En Proverbios 8, La Ley de la Intuición enseña que la sabiduría hace la diferencia entre los líderes mediocres y los grandes. Los grandes líderes ven las cosas en general y la visión general mientras piensan y planean el próximo movimiento como maestros de ajedrez en el juego de la vida. El liderazgo requiere comprensión y la voluntad de tener el estado mental correcto y una actitud positiva en línea con las enseñanzas de las Escrituras. Las Escrituras proporcionan el mapa de ruta hacia el éxito, y la historia ha demostrado una y otra vez que los líderes que se extravían siempre se encuentran en el extremo corto, mientras que muchos pagan con sus vidas. Los grandes líderes confían en la sabiduría y siempre tratan de no repetir los fracasos del pasado mientras permanecen en el camino de la justicia.

Es fácil concluir que es un desafío para los líderes controlar o cambiar a las personas que los rodean. Claro, pueden usar su poder de posición para dirigir a las personas bajo su mando, pero este es un liderazgo real. Los líderes deben ser individuos altamente éticos con estándares más altos de integridad y valores morales. Líderes en una posición de autoridad que tiene efectos duraderos para las personas que lideran. Los líderes deben seguir los pasos de Dios y ser humildes en su enfoque de liderazgo al tratar con las personas bajo su mando.

Notas:

Estilos de liderazgo

La personalidad de un individuo generalmente se forma a la edad de siete años e incluso antes. Las personas están influenciadas por los padres y factores externos que incluyen la presión de grupo y su entorno. Los padres juegan un papel vital en el éxito de su gente desde una edad temprana, y se formaron muchos hábitos durante esta etapa de desarrollo que pueden influir en los hábitos de liderazgo de un individuo hasta la edad adulta. Se entiende que conocerse es ser un mejor líder.

Mientras asistía a la Escuela de Liderazgo Senior de la Fuerza Aérea, lo que descubrió fue que para ser un líder efectivo, uno debe hacer cambios en su personalidad para adaptarse a la persona o personas que lideran. Implementar en el trabajo es un desafío porque, como líder, ha dado autoridad sobre las personas y hacer cambios dentro de uno mismo no encaja con el percepción común de lo que representa un líder. Este informe analizará diferentes estilos de comportamiento de liderazgo; Varias herramientas diferentes utilizadas para medir las características y el comportamiento de liderazgo y estilos de gestión.

No estoy seguro de si puede enseñar liderazgo, pero los buenos líderes se dan cuenta de que el cambio y los ajustes continuos en la personalidad y el carácter son la clave del éxito. El general Patton dijo una vez, "uno está en el desfile todos los días", lo que significa que los superiores y subordinados observan cada movimiento realizado. El carácter es algo adquirido desde una edad temprana e influenciado por la familia, los amigos y la sociedad, y es parte de la personalidad. La mayoría de nosotros nacemos con una mente sana, e intrínsecamente sabemos de lo correcto y lo incorrecto, cuando se trata de tomar las decisiones correctas. El liderazgo y el carácter van de la mano y lo sabrán, especialmente cuando se enfrentan a situaciones difíciles mientras toman decisiones difíciles. Elija la ruta de menor resistencia, o la decisión correcta se basará en un carácter fuerte basado en rasgos de integridad, honestidad y coraje.

La dinámica del equipo incluye interacciones complejas entre los miembros del equipo e influye en su comportamiento y desempeño. Muchas fuerzas afectan a los equipos; para incluir diferentes estilos y tipos de personalidad, amistades, relaciones, equipos, instalaciones y diseño, influencias externas, líderes y gerentes senior y muchos más. Todos estos factores influyen en un equipo de muchas maneras positivas y negativas.

El éxito del equipo estará determinado por qué tan bien podrá manejar y superar muchos problemas que son parte de la dinámica del equipo. Según las respuestas de la encuesta de liderazgo y gestión de Target Training International, el informe ha seleccionado declaraciones generales para proporcionar una amplia comprensión de su estilo de trabajo. Estas declaraciones identifican el comportamiento natural básico que aporta al trabajo. Es decir, si se deja solo, estas declaraciones identifican CÓMO ELEGIRÍA HACER EL TRABAJO. Utilice las características generales para obtener una mejor comprensión del comportamiento natural ".

Muchos tipos diferentes de personalidad y estilos de liderazgo y herramientas de gestión se han utilizado con éxito en el gobierno y el mundo empresarial para formar un equipo. La dinámica del equipo está influenciada por muchos factores para incluir condiciones, organización, objetivos del equipo y una mezcla diferente de personalidades del grupo. Cada miembro del equipo aporta sus propias experiencias y antecedentes culturales al equipo, lo que puede causar malentendidos de pensamiento y, al mismo tiempo, podría ser una fuente real de energía con varias ideas.

Los equipos eventualmente construyen una identidad propia, derivada de la interrelación de individuos de diferentes orígenes y culturas con cada miembro del equipo aportando experiencia individual y cualidades propias. Dentro del equipo, los miembros individuales del equipo tienen roles específicos y trabajo que desempeñar; Cada miembro aporta una influencia específica en el equipo. Cuando otro individuo reemplaza los cambios de composición del equipo, y por ejemplo, un miembro del equipo se va y luego, la dinámica del equipo tiene que volver a barajarse para crear una nueva identidad. Cuando los miembros del equipo se entienden entre sí, les resulta más fácil compartir experiencias y conocimientos, lo que resulta en un mejor rendimiento para todo el equipo.

Las diferencias de personalidad han demostrado proporcionar mejores resultados porque cada miembro aporta sus diferentes pensamientos e ideas a la mesa, lo que ayuda a tomar decisiones y elecciones más inteligentes. El equipo debe asegurarse de que pasa tiempo al comienzo del proyecto o tarea para repasar los detalles del plan y cómo van a abordar el trabajo al formular una estrategia para lograr los objetivos de la misión. Los equipos exitosos eventualmente crean un estado de sinergia que ayuda a alcanzar altos niveles de logro y éxito.

El libro de Stephen Covey titulado 7 hábitos de personas altamente efectivas define la sinergia como "El todo es mayor que la suma de las partes". Todos los individuos y equipos exitosos se dan cuenta de la importancia de la sinergia. Los equipos que no desarrollan sinergia tienen dificultades para lograr sus objetivos y tareas, mientras luchan por coexistir entre sí. La pregunta es, ¿los miembros del equipo trabajan bien juntos y se apoyan mutuamente? Si no lo están, sus posibilidades de éxito disminuyen y, por otro lado, si están gritando y haciendo clic como segundos en un reloj, entonces sus posibilidades de éxito son muy probables. La sinergia es como un tornado una vez que comienza; continúa creciendo para traer éxito tras éxito al equipo y sus miembros.

Según Target Training International, "la investigación ha demostrado que los talentos relacionados con el trabajo están directamente relacionados con la satisfacción laboral y el desempeño personal. Las personas están bien posicionadas para alcanzar el éxito cuando se dedican a un trabajo adecuado a sus habilidades inherentes, estilo de comportamiento y valores únicos. Y, todos los equipos deben estar formados por la combinación correcta de personas, cada uno contribuyendo a su manera. Además, las ideas sobre cómo comunicarse de manera efectiva con clientes, empleados y socios comerciales con diferentes

Los estilos de alquiler son muy importantes. La base para diseñar la organización o el negocio en torno a las fortalezas y la pasión, para que se convierta en un líder más efectivo y produzca los resultados con la organización. Este informe analiza el estilo de comportamiento; es decir, la manera en que una persona hace las cosas ".

Un rasgo es una característica estable y es algo que dura toda la vida. La dificultad es encontrar una lista exacta que caracterice los rasgos de liderazgo. La cultura juega un papel importante; Las personas de diferentes ámbitos de la vida tienen un conjunto diferente de valores y creencias que influyen en su toma de decisiones. El personaje desafía la lógica y se debe a los factores subconscientes y a las emociones.

El carácter y las cualidades de liderazgo de una persona se centran en el comportamiento, las metas y los resultados. Es razonable suponer que los rasgos de carácter y personalidad están asociados con el liderazgo, mientras que otros no. Muchas veces, nos enfocamos en los rasgos de carácter y liderazgo asociados con el éxito, pero también es interesante comprender los fracasos del liderazgo. Algunos líderes se olvidan de la meta y se concentran en sí mismos en lugar de en el todo. Los buenos líderes comprenden la importancia de las buenas comunicaciones; las personas necesitan saber el plan, y necesitan saberlo. Muchos líderes tienen miedo de oponerse al sistema y seguir el programa, a pesar de que puede ser a expensas de los subordinados. También es esencial que los líderes estén en buena forma física, psicológica, emocional y espiritual.

La mayoría de los empleados en puestos gerenciales y de liderazgo han recibido capacitación de liderazgo y gerencia de algún tipo. Según mi propia experiencia en la Fuerza Aérea, a principios de la década de 1990, el liderazgo de la

Fuerza Aérea presionó por una gestión de calidad y capacitación de liderazgo en todos los niveles dentro del comando militar. Recibimos capacitación intensiva y durante varios años e intentamos reestructurar la forma en que hacíamos negocios; con la idea de una mejora continua y para lograr esto, utilizamos varias herramientas de calidad como estadísticas, puntos de referencia, autoevaluaciones y encuestas, por nombrar algunas.

El mayor obstáculo para implementar las iniciativas de calidad fue la resistencia individual al cambio; la gente había estado haciendo algo de la misma manera durante muchos años y, de repente, se les pide que cambien. Por decir lo menos, fue un proceso doloroso para la mayoría, y desde mi propia experiencia presentaría recomendaciones ahorrando millones, en lugar de aceptar mis propuestas que, basadas en hechos y estadísticas reales, me golpearon en el camino y la gente Resintió la idea de que alguien hiciera estas recomendaciones para el cambio. Cuando se trata de ello, el cambio es difícil y requiere un trabajo duro constante y una forma diferente de pensar: el proceso de mejora continua no es un camino fácil y lleva muchos años lograrlo, y no es un proceso nocturno. Los gobiernos y las personas en posiciones de alto mando tienen las herramientas a su disposición, y es su elección usarlas para mejorar las cosas.

Resumen de rasgos personales con respecto a las estrategias de toma de decisiones Según los resultados de la encuesta de liderazgo y gestión de Target Training International, "Prefiero un entorno con variedad y cambio. Está en su mejor momento cuando hay muchos proyectos en marcha a la vez. Le gustan las personas, pero ocasionalmente puede verlo frío y contundente. Puede pensar en los resultados del proyecto y, a veces, no tomarse el tiempo para ser empático con los demás. Prefiere ser un jugador de equipo y quiere que cada jugador contribuya junto con él. Su sensibilidad a los errores y las faltas a veces atenúa su agresividad. Acusó de estar "trabajando compulsivamente" debido a estas tendencias. Fecha límite consciente y se irrita si las fechas límite se retrasan o se pierden.

Le gusta ser contundente y directo cuando trata con otros. Su deseo de resultados es evidente para las personas que maneja. Puede ser franco y crítico con las personas que no cumplen con sus estándares. Para llegar a nuevas ideas y seguirlas hasta su finalización. Es posible que no confíe en que otros hagan sus proyectos, especialmente si han demostrado una incapacidad para cumplir con sus estándares. A veces, puede ser reacio a delegar tareas específicas. Es una persona creativa y utiliza esta creatividad para resolver problemas ".

Notas:

Perspectiva de liderazgo militar

Las pruebas de promoción inscritas en la Fuerza Aérea consisten en dos programas separados: Examen de aptitud física de promoción y Pruebas de conocimientos especializados. Las personas que trabajan dentro de su especialidad son elegibles para competir por promociones. La selección para la promoción incluye no solo los puntajes más altos de los exámenes PFE y SKT, sino también el tiempo de servicio, el tiempo en el rango, los informes de rendimiento y las decoraciones, todos se incluyen en el recuento final para determinar las personas con los puntajes más altos y la recomendación para la promoción basado en cuotas limitadas predeterminadas.

La junta de evaluación considera todos los aspectos de un individuo que demuestra las cualidades de ser un buen líder. Un factor clave en revisión es el ca La capacidad de un individuo para pasar a un rol superior de supervisión y gestión basado en el concepto de la Fuerza Aérea de una persona completa.

Cuando los reclutas ingresan al servicio militar, son colocados en un ambiente extremo completamente cerrado de su vida civil, preparando el escenario para nuevos hábitos. El enfoque autoritario es necesario cuando se trata con reclutas para establecer normas y actitudes de comportamiento aceptables después de cumplir con los requisitos de la misión militar. Los reclutas se someten a una rutina diaria que se supervisa de cerca en cada paso del camino para garantizar el cumplimiento y la progresión de la capacitación a través de diversas actividades y exámenes. Este duro entorno autoritario hace o rompe a un individuo; Si bien muchos adoptan y se gradúan, existe la excepción de que algunos se rinden o no están preparados para este tipo de capacitación. La mayoría de los expertos estarían de acuerdo en que es esencial que los nuevos reclutas militares experimenten una situación altamente disciplinada de hacer o morir, teniendo en cuenta la naturaleza de la profesión militar, aunque los reclutas están aprendiendo estrictamente habilidades de seguidores, introducidos en formas superiores de construcción de liderazgo, ya sea a través de la observación. o jugar roles de líderes de equipo dentro de sus filas.

Por lo tanto, los reclutas son presionados continuamente para recibir órdenes de sus instructores o mediante la presión indirecta de los compañeros y diversas actividades de creación de equipos. Al individuo le quedan pocas opciones y debe seguir o caer en desgracia de sus instructores y miembros del equipo. Usando estrategias motivacionales externas directas, que incluyen la presión de los instructores y los compañeros, es más fácil y rápido capacitar a los reclutas para una instrucción más avanzada.

A medida que los miembros militares avanzan hacia un rango y autoridad más altos, se acercan con un estilo participativo de liderazgo, excepto órdenes directas o situaciones de combate que requieren acciones rápidas en el acto. La escalera de promoción militar es un proceso muy bien delineado y estructurado que integra la experiencia y el entrenamiento profesional a lo largo de la carrera. Todos son conscientes y saben lo que deben hacer para ascender en el rango, y esto establece las reglas básicas que permiten a las personas estar motivadas extrínseca e intrínsecamente a trabajar y estudiar más duro para ascender en la escala de promoción.

¿Cuáles son las implicaciones del liderazgo y la gestión en un entorno escolar? Los líderes son líderes dirigiendo a las personas hacia un objetivo común en la búsqueda de lo práctico. Mientras que la gestión del aula se preocupa más por los recursos, la eficiencia y la planificación. Para tener éxito, los líderes necesitan liderazgo y gestión y encontrar formas de equilibrar los dos. Para un líder con un liderazgo fuerte y con habilidades de gestión débiles no es mejor, y a veces peor, que lo contrario.

El desafío es lograr un equilibrio de liderazgo fuerte y gestión segura. El manejo adecuado brinda un grado de orden y consistencia para las personas; conocen su lugar en el aula, la silla en la que se sientan y su necesidad de sentirse seguros y protegidos. Sin embargo, las personas necesitan líderes con fuertes habilidades de liderazgo para guiarlos y tener una influencia positiva en ellos mientras los ayudan a construir rasgos de carácter estables.

La comparación de líderes y gerentes exitosos se reduce a que ninguno de los dos tipos de comportamiento es mejor que el otro. Los líderes deben tener una comprensión de las habilidades de gestión y liderazgo para tener éxito. Además, el liderazgo y la gestión van de la mano, y los dos deberían trabajar en armonía. En otras palabras, el liderazgo es una forma de arte que también incluye habilidades de gestión para ser más efectivo. Los mejores gerentes tienden a convertirse en líderes éticos más porque desarrollan habilidades de liderazgo con el tiempo y las habilidades requeridas utilizando técnicas de gestión adecuadas. Además, rara vez un líder efectivo no es un buen gerente; ambos aportan una sensación de equilibrio. Los líderes exitosos aportan un toque humano a la gerencia con habilidades de motivación, influencia y motivación motivadora.

Las siguientes palabras son de líderes militares del pasado de los cuales muchos de nosotros podemos aprender y poder integrarnos en nuestras propias vidas e influir en las personas. No hay diferencia entre el liderazgo militar y el liderazgo requerido para administrar y dirigir un aula. No existe una fórmula mágica cuando se trata de un liderazgo exitoso; Cada líder tiene su estilo de liderazgo. Él tiene algunos líderes salientes y otros que son reservados, y ambos son líderes exitosos en su camino. Parece que lo mejor que se puede hacer cuando se trata de liderazgo y gestión es ser uno mismo y disfrutar el momento con su gente.

Un líder es responsable de crear una cultura positiva y enriquecedora que promueva el crecimiento y la profesionalidad. El líder coloca la seguridad de las personas y el personal sobre todo mientras gestiona las actividades diarias de la organización. Un líder desempeña un papel fundamental en la movilización de recursos para establecer programas especiales e iniciativas culturales diversas. La cultura de una organización parece infl uence el comportamiento de individuos o grupos dentro de su entorno o sociedad.

Muchos expertos coinciden en que las organizaciones exitosas tienen un rasgo común; están formados por una cultura que respeta la diversidad y pone altas expectativas en su gente. Los líderes deben ser conscientes de que el clima de su cultura afecta la moral y la productividad no solo de las personas sino también del personal y los líderes. Si los líderes desean mejorar el plan de estudios y los sistemas, deben crear un ambiente positivo y de apoyo que se esfuerce por mejorar la cultura de la escuela.

Los líderes deben reconocer la cultura organizacional de una organización enfatizando los valores, el carácter, la integridad y el establecimiento de objetivos prácticos para definir aún más lo que representan. Muchos describen la cultura como el pegamento que mantiene unida a la organización, expresando los valores y creencias sociales que comparten los individuos. En entornos de organización, la cultura establece el tono para personas y líderes por igual; Crear una cultura que fomente un ambiente de confianza y de intercambio es el objetivo que todos los líderes deben esforzarse. Cada organización tiene su sentimiento y cultura específica para las personas involucradas en su entorno.

Es esencial tener líderes efectivos que reflejen la confianza y las habilidades de liderazgo con valores e ideales sólidos. Los valores e ideales de arriba son a veces difíciles de inculcar, pero las normas de la organización reflejarán los valores e ideales reales de las personas. La idea es que la gerencia tenga la aceptación de las personas en la misión y los objetivos de la organización. Los líderes pueden imponer expectativas y sanciones a las personas para alinear sus intereses siguiendo los valores e ideales de la organización.

Las instituciones activas tienen un conjunto claro de elementos culturales que enfatizan los valores del esfuerzo académico y el logro. Esto se logra mediante la aplicación de altas expectativas que enfatizan la excelencia individual y el desempeño de potenciales excesivos. Los líderes pueden usar el estímulo y las recompensas para las personas de alto rendimiento al tiempo que desalientan la conducta desordenada. Los líderes efectivos tienen altas expectativas y la actitud de que cualquier estudiante es capaz de lograrlo, independientemente de la clase social o el rendimiento pasado.

La cultura organizacional exitosa promueve la superación personal por parte de los líderes a través de la capacitación continua y la experimentación con métodos y procesos de trabajo mucho más efectivos. Además, es importante para la cultura de la organización fomentar la participación de los trabajadores en diversas actividades, promoviendo así el concepto de persona total. Es importante saber que las culturas organizacionales no son estáticas y siempre evolucionan en muchas formas y formas dependiendo del entorno y las personas involucradas.

Estructura organizacional jerárquica

Los rasgos de liderazgo organizacional del comandante de los escuadrones de la Guardia Nacional Aérea y su personal demostraron correctamente esquemas de roles al aplicar efectivamente las decisiones correctas para adaptarse a la situación. El comandante del escuadrón y su personal están legalmente obligados y deben seguir las instrucciones y órdenes militares del cuartel general de manera concisa y precisa. Los líderes de las unidades son consistentes en su toma de decisiones mientras demuestran esquemas de rasgos característicos de estabilidad emocional, entusiasmo, conciencia, dureza y seguridad en sí mismos.

El desarrollo de las características correctas en los empleados era una prioridad para el comandante del escuadrón y su personal. Además, crear un miembro militar completo conceptual basado en un concepto de persona integral, al tiempo que integra rasgos de integridad, desinterés y lealtad como parte de un miembro y líder militar ideal. Si bien muchos expertos pueden no estar de acuerdo sobre lo que constituyen características excelentes en un individuo, pueden asumir que está haciendo algo bien si tiene seguidores que muestran respeto, confianza y cooperación leal.

Los siguientes rasgos se consideran esenciales para desarrollar el carácter y están directamente vinculados a un liderazgo efectivo; desinterés, decisión, energía, compromiso, lealtad e integridad. Los rasgos de liderazgo vinculados con los rasgos de personalidad y los líderes exitosos tienden a tener las siguientes características de personalidad; estabilidad emocional, entusiasmo, conciencia, dureza y seguridad en sí mismo.

Durante una discusión con el Comandante del Escuadrón de la Guardia Nacional Aérea sobre cómo su unidad se ocupó de las personas con distorsiones perceptivas y qué medidas existen para garantizar que las personas y los equipos se centren en la dirección correcta para cumplir los objetivos de la misión. El Comandante continuó y discutió el asunto relacionado con uno de sus suboficiales superiores que trabajaba en el centro de control de carga de trabajo.

Debido a las numerosas observaciones e informes, como asesor de la Fuerza Aérea, sobre el comportamiento irracional y poco profesional del controlador de la carga de trabajo, se le dejó una opción mínima y tuvo que actuar y lidiar con la situación de manera directa. El puesto con el Comandante y la unidad de la Guardia Nacional Aérea solo tenía un papel consultivo c sobre asuntos técnicos y la salud organizacional general de la unidad y no sobre asuntos de acciones disciplinarias.

El Comandante procedió a aconsejar al controlador de la carga de trabajo en varias ocasiones sobre su comportamiento irracional y sus pobres habilidades para tomar decisiones. También le dijo al controlador de la carga de trabajo que sus acciones están afectando la moral general o las tropas junto con un colapso en las comunicaciones entre diferentes grupos y secciones del Escuadrón.

El Comandante señaló correctamente que los controladores de carga de trabajo se basaban principalmente en sus emociones para tomar las decisiones requeridas de una manera muy estructurada y lógica siguiendo las costumbres y estándares militares. En otras palabras, si, por ejemplo, al controlador de carga de trabajo no le gustara a nivel de personal, ella lo ubicaría en los proyectos menos deseados o duplicaría a las personas de mayor rango para compartir las mismas adaptaciones. El controlador de la carga de trabajo tenía una percepción completamente distorsionada de su posición por una sensación de estar orientada al control más allá de la normalidad.

Después de muchos meses de angustia por decidir y notar pocos cambios en el comportamiento irracional y la actitud distorsionada del controlador de la carga de trabajo, el comandante decidió adoptar un enfoque diferente e invitó al capellán de la base a ayudar con el asunto. Después de varias semanas, el comandante invitó a otros miembros de alto rango de la organización a escuchar los hallazgos del capellán. En resumen, el capellán acordó que el controlador de la carga de trabajo tenía problemas de personalidad y finalmente dijo: "que Dios te ayude" mientras se alejaba. Varias semanas después, el comando superior estuvo muy involucrado y el controlador de carga de trabajo fue reasignado a una organización diferente que trabaja con menos personas en el rol de administrar los suministros.

Los estudios demuestran que la percepción distorsionada de los individuos o grupos afecta a la organización y corresponde a la alta gerencia tomar medidas inmediatas antes de que los asuntos se intensifiquen en conflictos graves. La percepción determina el comportamiento y cómo las personas ven las cosas y, a su vez, cómo se comportan y actúan dentro de su círculo de amigos y entorno laboral. Si la realidad de un individuo se distorsiona, también lo hará su vida personal, junto con su trabajo. La percepción distorsionada y el juicio pobre de un solo individuo pueden afectar a todo el grupo y, en muchos casos, a toda la organización, dependiendo del rol o posición que ocupa el individuo dentro de la cadena de mando o jerarquía de la unidad. Las personas con percepción distorsionada en los niveles más bajos sí tienen algún efecto en otros miembros del equipo dentro del grupo y tienen menos impacto en el resto de la organización.

El mayor desafío es en situaciones de individuos con percepciones distorsionadas en puestos superiores dentro de la cadena de mando de una organización. Se vuelve más desafiante que estas personas busquen asesoramiento o sean despedidas de sus puestos. Las organizaciones necesitan tener políticas y procedimientos establecidos para tratar con individuos con percepciones distorsionadas, sin importar cuán alto sea el puesto dentro de la cadena de mando de la organización. Aunque la unidad tenía el problema del controlador de la carga de trabajo y su realidad distorsionada, el retiro de su puesto era un problema de comportamiento y no de prejuicios o discriminaciones.

Desde el punto de vista, después de observar la unidad de la Guardia Nacional Aérea durante más de tres años, el entorno racial general y la estabilidad organizacional fueron altamente profesionales y justos en todos los aspectos. En cuanto a los prejuicios o prejuicios individuales o grupales dentro y entre las diferentes secciones de la organización no existían, mientras que todos parecían relajados y satisfechos trabajando en el escuadrón. Las regulaciones y políticas militares relativas a la igualdad de oportunidades son aparentes y precisas; cada miembro ha tratado por igual, sin importar el género, la raza y las creencias del personal, si no interfiere con el logro de la misión.

La estructura militar no tolera la discriminación, y esta política fue muy evidente al mantener un alto estado de preparación para la unidad de la Guardia Nacional Aérea. Como en cualquier organización, es imposible controlar las creencias personales de un individuo y cómo se han educado. Debido a la masa compartida de las ramas militares del servicio, se han documentado casos de acoso sexual y mala conducta racial. Según las observaciones, ninguno de estos problemas afectó a la unidad de la Guardia Nacional Aérea durante el recorrido; Todos los miembros de la organización se trataron entre sí de manera respetuosa y altamente profesional.

Otra consideración a considerar es que la unidad de la Guardia Nacional Aérea ubicada en una ciudad multicultural en el norte de California. La unidad de la Guardia Nacional Aérea también reflejó directamente la composición multicultural de las ciudades que comprendía la unidad con muchas razas diferentes junto con la proporción de trabajadores representados entre mujeres y hombres. La actitud intercultural de los escuadrones es extremadamente positiva y altamente progresiva para la organización, la mayoría de las personas que se contactaron dieron la bienvenida al multiculturalismo.

Maquillaje natural de la unidad. Además, los registros del escuadrón no tenían instancias de problemas raciales o interculturales, excepto algunas instancias de conflictos de personalidad.

El poder para desarrollar y fomentar el aprendizaje dentro de una organización se basa en estrategias efectivas para fomentar la creatividad y un orden superior de pensamiento. La unidad de la Guardia Nacional Aérea utiliza varios métodos de capacitación internos y formales para educar a sus miembros. Según el gerente de capacitación de la Guardia Nacional Aérea, él es responsable de mantener una base de datos de todos los miembros de la unidad que incluya las calificaciones de tareas y supervisión. El gerente de capacitación también programa y coordina toda la capacitación y los requisitos para los miembros de la organización. La capacitación interna se lleva a cabo según sea necesario en muchos conjuntos de habilidades diferentes y / o seminarios de mejora de gestión y liderazgo. Luego, se requiere que las unidades de la Guardia Nacional Aérea y sus miembros mantengan altos niveles de habilidades para mantener su estado de preparación de misión para sus estados y la Fuerza Aérea.

El entrenamiento estructurado y el programa de los militares, en una progresión escalonada de nivel de habilidad, inherentemente alienta a las personas a motivarse a sí mismas para un mayor logro en el desarrollo de sus habilidades y perfeccionar sus capacidades de liderazgo y gestión. El entrenamiento formal para los miembros de la Guardia Nacional Aérea comienza con el entrenamiento militar básico en las tropas registradas y luego consiste en la escuela de entrenamiento técnico, y después de completar con éxito estos dos programas, los individuos son enviados de regreso a sus unidades. A su llegada a su tarea asignada, las personas se colocan en un programa de autoaprendizaje para mejorar aún más su posición de servicio y habilidades.

El aspecto técnico de esta capacitación continúa hasta que los miembros alcanzan niveles de habilidad profesional. Además de la capacitación técnica, los miembros individuales también deben completar una serie de cursos de supervisión y administración en residencia y correspondencia. Los militares, en general, están obligados regularmente a entrenar y educar, no solo en asuntos militares, sino que también se les anima a asistir y buscar más colegios de herramientas y universidades de su elección. Los líderes pueden hacer una gran diferencia al compartir su experiencia al mismo tiempo que lo alientan a usted y a los miembros militares menos experimentados a avanzar en sus habilidades técnicas y seguir adelante.

Aunque los métodos formales informales y formales son esenciales para la enseñanza de la teoría, el aprendizaje real proviene de la experiencia práctica real en el trabajo y en el trabajo. Lo que separa a un gran líder y supervisor de uno ineficaz, y el liderazgo ético fomenta la cooperación y colaboración entre los miembros de un equipo. Los líderes efectivos están trabajando continuamente para asegurar que sus seguidores sean entrenados, y lo lograron al compartir su conocimiento y experiencia mientras demuestran adecuadamente técnicas y habilidades especiales a las personas dentro de su equipo. El liderazgo consiste en motivar a las personas para que cumplan la misión. Si bien es responsabilidad del líder capacitar a su gente de manera efectiva, también es responsabilidad de los seguidores estar atentos y listos para aprender a fin de mejorar sus habilidades y capacidades generales.

Basado en varios años de observación, el comandante de la unidad y su personal de administración utilizan varias técnicas de modelado para demostrar las misiones y estrategias generales de la organización. Estas técnicas y métodos de modelado de difusión de información incluyen procedimientos informales y formales que consisten en conversaciones directas cara a cara, llamadas telefónicas, correos electrónicos, tableros de anuncios, boletines de la unidad y planes estratégicos organizacionales, la mayor parte de la información relativa a proyectos de misión crítica dentro de reuniones especiales cara a cara en la sala de conferencias de la organización. La oficina del controlador de la carga de trabajo es responsable de obtener proyectos de las oficinas centrales superiores y de asignar equipos para su implementación.

Cada superintendente de la sección recibe los proyectos del controlador de la carga de trabajo y luego asigna los equipos apropiados según las calificaciones del conjunto de habilidades y los requisitos de personal. Los jefes de equipo y los miembros de su equipo revisan el proyecto y hacen las correcciones apropiadas a la sección de ingeniería si es necesario. Una vez que se completa el proceso de revisión del proyecto, el equipo está listo para comenzar una encuesta previa a la implementación y luego implementar el proyecto. Durante todo el ciclo del proyecto, los superintendentes, el controlador de la carga de trabajo y el comandante y su personal continuamente actualizan e informan sobre el estado de los proyectos. La estructura de modelado organizacional para el proceso de información y diseminación y recopilación de datos es altamente eficiente y confiable.

Existen varias estrategias de modelado dedicadas a aumentar la productividad y mejorar el desempeño individual, que tienden a moldear la estructura y el enfoque de la organización. Estas tres orientaciones estratégicas principales, que son útiles en la planificación y gestión del cambio organizacional, incluyen estrategias empíricas racionales, coercitivas de poder y reductivas normativas. El empiri La estrategia racional incluye las selecciones y reemplazos personales que requieren jubilación anticipada, despido, transferencias y reorganización de los miembros de la organización.

El estado de personal de las unidades de la Guardia Nacional Aérea, según el comandante, siempre está en alerta constante para mantener sus niveles de fuerza laboral. Debido a los retiros y la separación de los miembros de la unidad, el escuadrón de la Guardia Nacional Aérea está en modo de reclutamiento continuo para atraer y reclutar nuevos miembros. En tiempos de guerra o crisis, el comandante de la unidad ha confiado en su poder de posición para evitar que sus miembros se separen de la Guardia Nacional Aérea. En general, las unidades de la Guardia Nacional Aérea demostraron una cultura flexible que es resistente al tratar con éxito los requisitos de la misión interna y externa.

La diversidad en una fuerza laboral organizacional puede ser una fuente vital para fusionar diversos talentos en los que diferentes culturas y personalidades se unen para crear nuevas ideas y procesos de pensamiento. Observaciones de la unidad de la Guardia Nacional Aérea divididas en muchos centros de trabajo diferentes con su identidad y tareas. Por ejemplo, particularmente este Escuadrón de la Guardia Nacional Aérea es responsable de instalar sistemas de telecomunicaciones en apoyo de los clientes de la Fuerza Aérea y el Departamento de Defensa.

La organización está dirigida por el comandante del escuadrón y sus suboficiales, responsables de las secciones de mantenimiento y operaciones. Bajo el liderazgo de los oficiales adjuntos, los suboficiales se consideran superintendentes de las peleas y los líderes del equipo. Los vuelos de la unidad consisten en diferentes secciones de trabajo, que consisten en la radio, antena, cable y varias otras secciones. Además de las diversas secciones que conforman un escuadrón, existen numerosos conjuntos de habilidades y calificaciones diferentes que se requieren para tener una organización completamente operativa. El mayor desafío que enfrentan este escuadrón y muchas otras unidades en la Guardia Nacional Aérea y las Fuerzas Aéreas mantienen una fuerza laboral totalmente calificada y capacitada. La mayoría de las tropas salen del servicio militar después de su primer mandato; Este vacío crea un requisito constante y continuo para los reclutas junto con toda la capacitación necesaria para tener una fuerza laboral totalmente calificada.

Cuando el comandante del escuadrón preguntó sobre la parte más desafiante de ser un líder, creyó que el desafío más importante para un líder era la capacidad de motivar a las personas, motivar a las personas puede ser la parte más desafiante del liderazgo. Por otro lado, el gerente de capacitación pensó que la parte más desafiante de ser un líder es tratar con la diversidad de personalidades, cada persona tiene un estilo de personalidad diferente con habilidades de aprendizaje y desarrollo variadas. Varias tropas de menor rango, cuando se les preguntó sobre qué los motiva a ser más productivos, se tomaron un momento para reunir sus pensamientos y acordaron que el factor más motivador era su preocupación por los miembros de su equipo y su líder. Se sentían por respeto al equipo que tenían que realizar a un alto nivel y no decepcionar a sus compañeros de equipo.

Estas discusiones demostraron que las diferencias individuales vienen en forma de inteligencia y creatividad; Cada uno de nosotros tiene una capacidad diferente para procesar información y cómo nos relacionamos entre nosotros. La motivación y la actitud determinan el éxito; Es un estado mental interno que nos guía hacia mayores logros y metas. La motivación intrínseca proviene de factores internos que están dentro y pueden ser controlados por el esfuerzo y la dedicación a la meta o tarea colocada por el individuo.

Por otro lado, las motivaciones extrínsecas son factores externos que vienen en forma de recompensas y castigos que están fuera del control individual. Estas técnicas de motivación son solo parte de las herramientas necesarias para el liderazgo y la gestión ineficaces de cualquier situación o posición de mando. Lo que más se destaca es la preocupación de todos por el bienestar general de los otros miembros del equipo. Los líderes exitosos se dan cuenta de que no pueden cumplir la misión solos y necesitan el apoyo de su gente para tener éxito. Los buenos líderes sacrifican las necesidades personales por la causa más importante de la mayoría mientras aseguran el cumplimiento de la misión.

Al igual que cualquier persona que trabaje para una organización tendría un conjunto personal de objetivos y desafíos específicos, los miembros del Escuadrón de la Guardia Nacional Aérea también tienen sus propios objetivos y desafíos específicos. Sería difícil aprender o medir objetivos individuales, excepto para desafíos y objetivos específicos relacionados con el trabajo. Por ejemplo, el sistema de pruebas de promoción alistado de la Fuerza Aérea motiva a las personas a establecer metas y desafíos específicos a las palabras que suben de rango. Las pruebas de promoción inscritas en la Fuerza Aérea consisten en dos programas separados: el Examen de aptitud física de promoción (PFE) y las Pruebas de conocimientos especializados (SKT).

Las personas que trabajan dentro de su especialidad son elegibles para competir por promociones. Tener estructurarán un sistema de promoción que permita a los militares para planificar mejor y enfocarse en establecer metas personales y desafíos específicos para lograr sus objetivos. La escalera de promoción militar es un proceso muy bien delineado y estructurado que integra la experiencia y el entrenamiento profesional a lo largo de la carrera. Todos son conscientes y saben lo que deben hacer para ascender en el rango, y esto establece las reglas básicas que permiten a las personas estar motivadas extrínseca e intrínsecamente a trabajar y estudiar más duro para ascender en la escala de promoción.

El escuadrón de la Guardia Nacional Aérea tiene un buen programa de premios y decoraciones de estructura para reconocer el desempeño individual sobresaliente. El programa de premios y condecoraciones sigue las regulaciones establecidas de la Fuerza Aérea en las cuales el comandante y su personal deben seguir en detalle.

En la mayoría de las situaciones, el programa de premios y condecoraciones del escuadrón es consistente y reconoce a las personas que van más allá del cumplimiento del deber. Un problema importante con todo el programa de premios y condecoraciones militares es que depende del individuo en puestos de supervisión y gestión para escribirlos, lo que requiere un alto nivel y habilidades de escritura útiles para incluir muchas horas para lograrlo. Algunos líderes se toman el tiempo y el esfuerzo para cumplir con los informes de premios y condecoraciones, mientras que muchos no se toman el tiempo extra para escribirlos.

Entonces, el programa de premios y decoraciones de la Fuerza Aérea cuenta con líderes para recompensar adecuadamente a su gente. Los premios y las condecoraciones, en la mayoría de los casos, no son equitativos y carecen de consistencia, y para esto, la mayoría de las tropas en todos los rangos no los consideran parte de sus razones para motivarlos a hacer un mejor trabajo. Por otro lado, la mayoría aprecia la recompensa por sus esfuerzos, y otros no necesitan una palmada en la espalda porque tienen la confianza en sí mismos para hacer un buen trabajo.

Las diferencias de personalidad determinan si los beneficios e incentivos adicionales motivan a un individuo.

Algunas personas necesitan recordatorios constantes de que están haciendo un gran trabajo, mientras que a otras les importan menos los incentivos de motivación externos y se motivan a sí mismas para realizar sus actividades cotidianas. Los líderes sabios reconocen las diferencias individuales y alteran y adaptan sus estilos de liderazgo para adaptarse a las personas bajo su mando. Al observar a los altos oficiales no comisionados del escuadrón de la Guardia Nacional Aérea, fue evidente que su vasta experiencia en el trato con personas reconoció efectivamente a los artistas sobresalientes y, por lo tanto, les proporcionó el reconocimiento que merecían. Aunque los oficiales superiores no comisionados fueron eficientes en recompensar el buen comportamiento, también fueron rápidos en disciplinar y corregir a las personas que eran parcas y problemáticas.

Un rasgo de liderazgo es una característica estable y es algo que dura toda la carrera laboral. La dificultad es encontrar una lista exacta que caracterice los rasgos de liderazgo, ya que la cultura juega un papel importante ya que las personas de diferentes ámbitos de la vida tienen un conjunto diferente de valores y creencias que influyen en su toma de decisiones. El carácter y las cualidades de liderazgo de una persona se centran en el comportamiento, las metas y los resultados. La cultura también jugó un papel esencial en el estilo de liderazgo del comandante de la Guardia Nacional Aérea y los rasgos que había desarrollado a lo largo de los años; Como su origen era de herencia japonesa, sus rasgos se basaban en el honor, la integridad, el desinterés y la lealtad. El comandante altamente respetado entre las tropas por sus esfuerzos dedicados a garantizar que todos en la organización reciban un trato igual y justo. El enfoque de los comandantes hacia el liderazgo preparó el escenario para que su personal y toda la organización mantengan un camino recto, donde la honestidad y la integridad recibieron el centro del escenario.

Los gerentes usan el proceso para controlar personas y materiales, los líderes, por otro lado, intentan motivar e inspirar a las personas en la dirección correcta. Para tener éxito, los líderes ayudan a sus subordinados a sentir un sentido de pertenencia, reconocimiento y construir su autoestima. El liderazgo general del escuadrón de la Guardia Nacional Aérea está utilizando efectivamente sus roles y su poder de posición para administrar y dirigir las actividades de sus secciones. Después de la llegada del nuevo controlador de carga de trabajo, la moral organizacional fue muy positiva y la salud general de la organización fue evidente a medida que los canales de comunicación entre las diferentes secciones mejoraron enormemente.

El controlador de carga de trabajo terminado usó inapropiadamente su poder de posición y muchas circunstancias, abusaron de su poder de posición, lo que paralizó la efectividad de la organización. Demuestra la importancia de la capacidad de un líder para tomar decisiones efectivas y liderar de manera sólida y apropiada, al tiempo que reconoce la importancia de su posición y poder en el efecto general sobre la salud y la estabilidad de su organización. La gestión implica poder por posición y el liderazgo implica poder por influencia y la relación entre el líder El liderazgo y la gestión van de la mano, mientras que la implementación de una gestión eficaz debe poseer habilidades de liderazgo y los líderes efectivos deben demostrar excelentes habilidades de gestión. Liderar es un arte que lleva años perfeccionar y adquirir, e implica el poder de poder influir en las personas para un objetivo común.

Referencias

Boorse, D. (2003). SOBREPOBLACIÓN: PRINCIPIOS ECOLÓGICOS Y BÍBLICOS

SOBRE LIMITACIÓN. Cosmovisiones: Medio ambiente Cultura Religión, 7 (1/2), 154.

Recuperado de EBSCOhost.

Brown, M. (1982). Mito bíblico y experiencia contemporánea: El Akedah en el judío moderno

Literatura. Judaism, 31 (1), 99. Recuperado de EBSCOhost.

Csinos, D. M. (2010). "Ven, sígueme": Aprendizaje en el enfoque de Jesús.

Religiosos, 105 (1), 45-62. DOI: 10.1080 / 00344080903472725

Chia, P. (2006). Local y global: estudios bíblicos en un "mundo desbocado". En chino-religioso

Estudios (pp. 83-106). Universidad Religiosa Chung Yuan. Recuperado de EBSCOhost.

Gericke, J. W. (2010). LAS ESCRITURAS HEBREAS EN LA FILOSOFÍA CONTEMPORÁNEA DE

RELIGIÓN. Verbum et Ecclesia, 31 (1), 1-6. DOI: 10.4102 / ve.v31i1.395

John C. Maxwell, 2007, Las escrituras de liderazgo de Maxwell, Lecciones de liderazgo de la palabra de Dios, segunda edición

Fiorenza, E. (2003). Repensar las prácticas de los estudios de doctorado bíblico. Enseñando

Teología y religión, 6 (2), 65-75. DOI: 10.1111 / 1467-9647.00156

Lee, B. (2007). Cuando el texto es el problema: un enfoque poscolonial de la pedagogía bíblica.

Religiosos, 102 (1), 44-61. DOI: 10.1080 / 00344080601117689

Toom, T. (2009). Hermenéutica: principios y procesos de interpretación bíblica - Por Henry

A. Virkler y K. Gerber Ayayo. Reseñas en Religión y Teología, 16 (2), 318-321.

DOI: 10.1111 / j.1467-9418.2008.00425_4.x

Wickett, R. Y. (2002). Pactos bíblicos, pactos de aprendizaje y teológicos.

British Journal of Theological, 12 (2), 154. Recuperado de EBSCOhost.

Instrucción de la Fuerza Aérea (AFI) 38-101 (2011), Fuerza Laboral y Organización Fuerza Aérea

La organización, Recuperado de www.e-publishing.af.mil

Folleto de la Fuerza Aérea (AFP) 36-2241 (2011), Guía de Desarrollo Profesional,

Recuperado de: www.e-publishing.af.mil

Owens, R. G. y Valesky T. C. (2009). Comportamiento organizacional en: adaptativo

liderazgo y reforma escolar (novena edición). Boston, MA: Pearson Inc.

Las Escrituras de Liderazgo Maxwell, Lecciones de Liderazgo de la Palabra de Dios por John C.

Maxwell, 18 de septiembre de 2007

Hackman, Michael Z. y Johnson, Craig E. Liderazgo: una perspectiva de perspectiva de comunicación

Heights, 5a edición, IL: Waveland Press Inc., 2008. (ISBN-13: 9781577665793)

Kouzes, James M. y Posner, Barry Z. The Leadership Challenge San Francisco, cuarta edición,

CA: Jossey-Bass Inc., 2008 (ISBN-13: 9780787984922)

Schultz, Glen. Reino: el plan de Dios para educar a las generaciones futuras Nashville, 2nd

Edición, TN: LifeWay Press, 2003. (ISBN 0-6330-9130-8)

Definiciones oficiales de liderazgo del ejército, 1987, recuperado de

http://www.au.af.mil/au/awc/awcgate/army/cmd-hdbk-appa.pdf

El sitio web oficial de la Fuerza Aérea de los Estados Unidos, 2011,

http://www.af.mil/information/bios/bio.asp?bioID=7618

Kouzes, James M. y Posner, Barry Z. The Leadership Challenge San Francisco, 4a edición, CA: Jossey-Bass Inc., 2008 (ISBN-13: 9780787984922)

http://www.au.af.mil/au/awc/awcgate/army/cmd-hdbk-appa.pdf

http://www.af.mil/information/bios/bio.asp?bioID=7618

John C. Maxwell, 2007, Las escrituras de liderazgo de Maxwell, Lecciones de liderazgo de la Palabra de Dios, Segunda edición.

Henry y Richard Blackaby (2006) Liderazgo espiritual, The Interactive Study, publicado por

Broadman y Holman Publishers, Nashville, Tennessee.

Ronald W. Rebore, 2001, La ética del liderazgo, Merril Prentice Hall

Wikipedia, la enciclopedia libre, 2010, Doce en punto, recuperado el 26 de marzo de 2010, de

https://en.wikipedia.org/wiki/Twelve_O'Clock_High

Hoy, W. K. y Miskel, C. G. (2008). administración al: teoría, investigación y

práctica (8ª ed.). Nueva York: McGraw-Hill

Amanda Reavy (2011), ENFOQUE: las instituciones de Illinois apuntan a reducir el acoso escolar, 27 de marzo de 2011,

Recuperado de http://www.bnd.com/2011/03/27/1646844/spotlight-ill-institutions-aim-to-reduce.html

Maxwell, J. C. y Elmore, T. (2007). Las escrituras de liderazgo de Maxwell: Lecciones de liderazgo de la Palabra de Dios (2ª ed.). Nashville: Thomas Nelson.

Target Training International, Ltd. (1984-2008) la Junta Alternativa, Belmar, NJ

Fuentes del sitio web:

http://www.colemanennis.com/fre-leadership-style-report/Default.aspx?RewriteStatus=1

Robert M. Galford y Regina Fazio Maruca (2006), Prueba de evaluación de estilos de liderazgo. r

Legado de liderazgo.

Fuentes del sitio web: http://www..rleadershiplegacy.com/assessment/assessment.php

The Teal Trust (2001), Indicador de estilo de liderazgo

Fuentes del sitio web: www.teal.org.uk

Team Technology (1995) Indicador del diagrama del músculo mental

Fuente del sitio web:
http://www.metarasa.com/resources/mmdi-report/

Benninga, J. S., Berkowitz, M. W., Kuehn, P. y Smith, K. (2006). Carácter y académicos:

¿Qué hacen las buenas instituciones? Phi Del ta Kappan, 87 (6), 448-452. Recuperado de EBSCOhost.

Notas:

Notas:

Notas: